革命家100の言葉

山口智司

彩図社

――人を突き動かすのは暴力ではなく、１つの強い言葉である

革命家100の言葉　目次

第1章　決意に満ちた言葉

第2章 困難に挑む言葉

第3章 人をつかむ言葉

第4章 本質を見抜く言葉

第5章 明日を願う言葉

第1章
決意に満ちた言葉

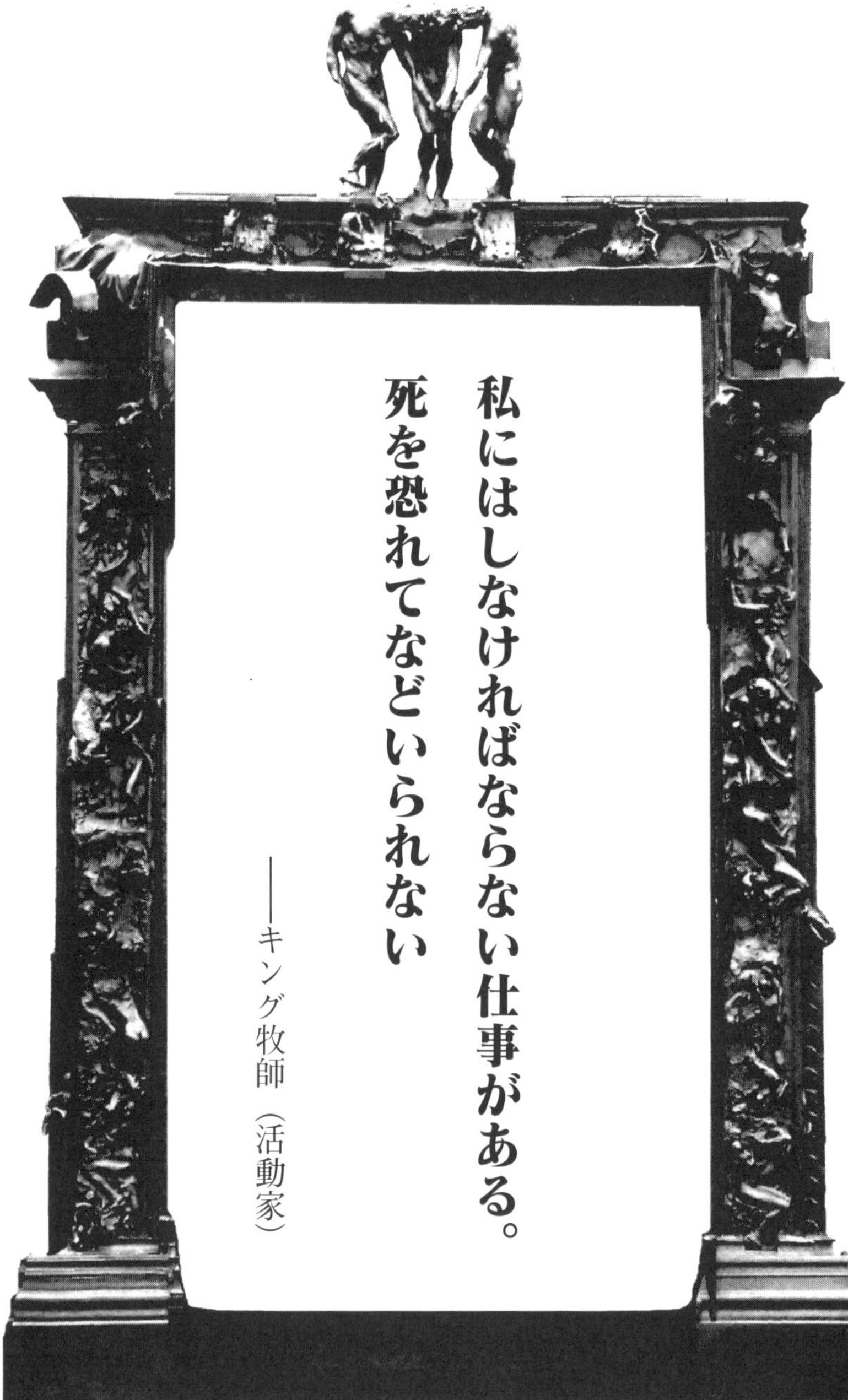

私にはしなければならない仕事がある。
死を恐れてなどいられない

——キング牧師（活動家）

マーティン・ルーサー・キング・ジュニア牧師は、非暴力抵抗運動の先頭に立って人種差別と戦い続けた、アフリカ系アメリカ人公民権運動の指導者。

１９６３年、約25万人を率いた「ワシントン大行進」での歴史的名スピーチ〝I have a dream〟（私には夢がある）を行ったことでも知られている。

革命の道のりにおいて、キング牧師は数百回にわたる脅迫を受け続けた。自宅を爆破されたことや、ＦＢＩに盗聴器を仕掛けられたこともある。

いつ殺されるかわからない状況で、キング牧師が周囲に語っていた言葉がこれだ。後に「たとえ私が命を失っても、私の死は無駄にはならないはずだ」と続けた。

人種の壁を越え、人間愛に満ちた社会の実現をめざし、死すら恐れなかったキング牧師は、志半ばで銃弾に倒れ、39年の生涯を閉じた。

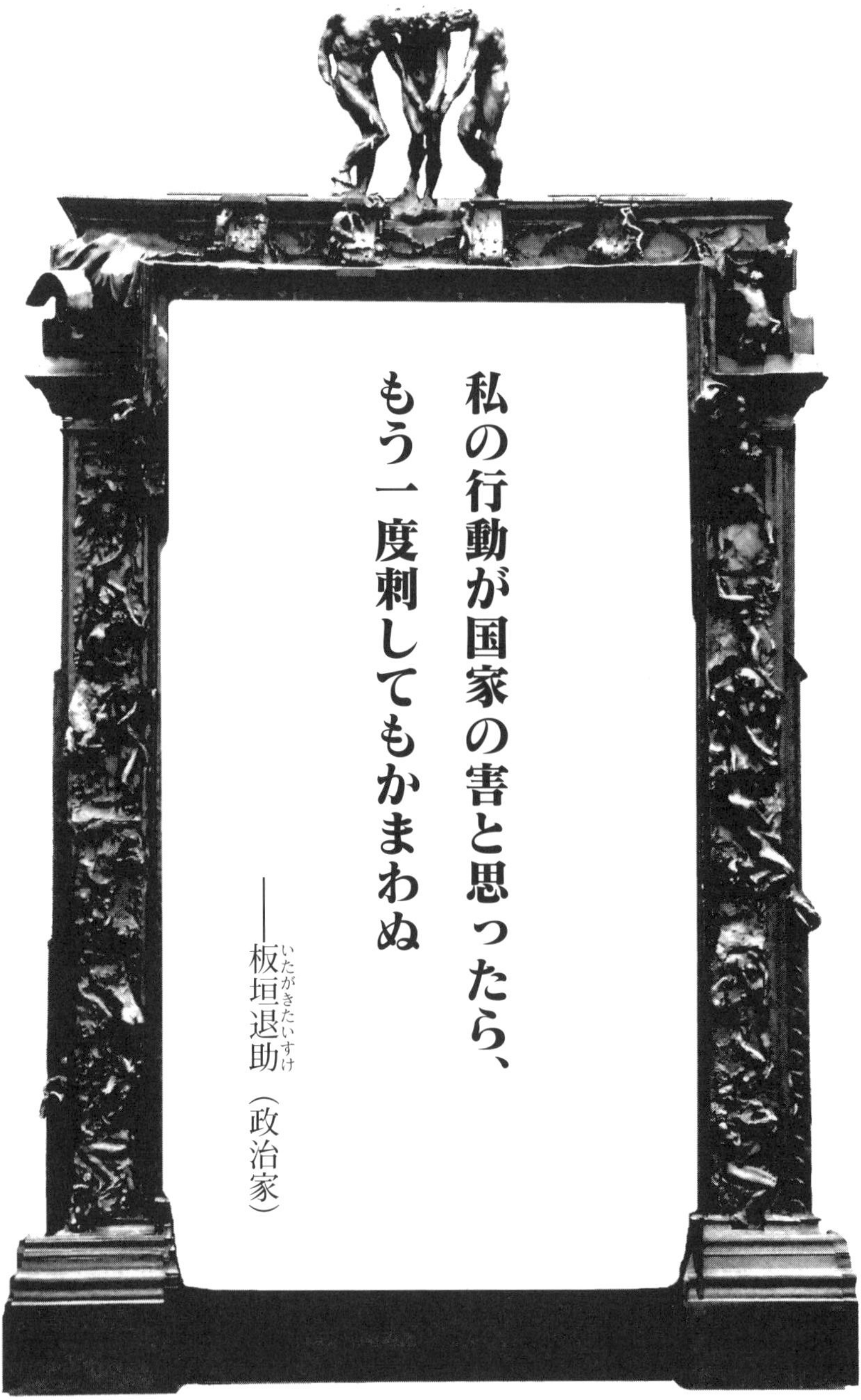

私の行動が国家の害と思ったら、
もう一度刺してもかまわぬ

——板垣《いたがき》退助《たいすけ》（政治家）

板垣退助は、薩摩・長州の出身者たちによる藩閥《はんばつ》専制政治に反旗を翻した土佐藩士。国会の開設を要求し、自由民権運動を全国的に展開した。

１８８１年には、自由党を結成し、板垣は総理の座まで上り詰めるが、翌年４月、岐阜で遊説中に暴漢に襲われる。短刀で数箇所を刺されながら、「板垣死すとも、自由は死せず」と叫んだというエピソードが有名だが、犯人を取り押さえた内藤魯一《ないとうろいち》の発言が板垣のものとして伝えられたという説や、ジャーナリストの創作とする説などがあり、事実かどうかは分からない。

だが、板垣がそんな気概《きがい》のある言葉を吐いたとしても、違和感のない政治家であったことは確かである。

明治憲法が発布されると板垣を襲った暴漢は大赦《たいしゃ》によって出獄。板垣のもとへと謝罪に訪れた。すると、かつて自分の命を狙った男に対して、板垣は次のように言ったという。

「あれは君の私怨から出たものではなく、国家を思ってのことだろう。私は君をとがめるつもりはない。私の行動が国家の害と思ったら、もう一度刺してもかまわぬ」

これほどの使命感を持った政治家が果たして今はいるのだろうか。

私の体が消えることがあっても、
私の思想は消えないだろう

——ホセ・マルティ（革命家）

ホセ・マルティはキューバ生まれの19世紀の政治家、文学者、革命家。

宗主国スペインに対する反抗をほのめかす手紙を友人に出して16歳で禁固刑を受けたことを皮切りに、実に生涯の半分以上が流刑《るけい》、追放、亡命の連続だった。

１８９２年、マルティはキューバ革命党を創設し、第二次独立運動を指導した。

その３年後、キューバで反乱が勃発すると、マルティは解放軍の参謀として部隊を率いるが、スペイン軍の弾丸に倒れて死亡。享年42歳の生涯を閉じた。

だが、この言葉通り、マルティの思想は、後にキューバ革命を成し遂げるゲバラ、カストロへと継がれた。

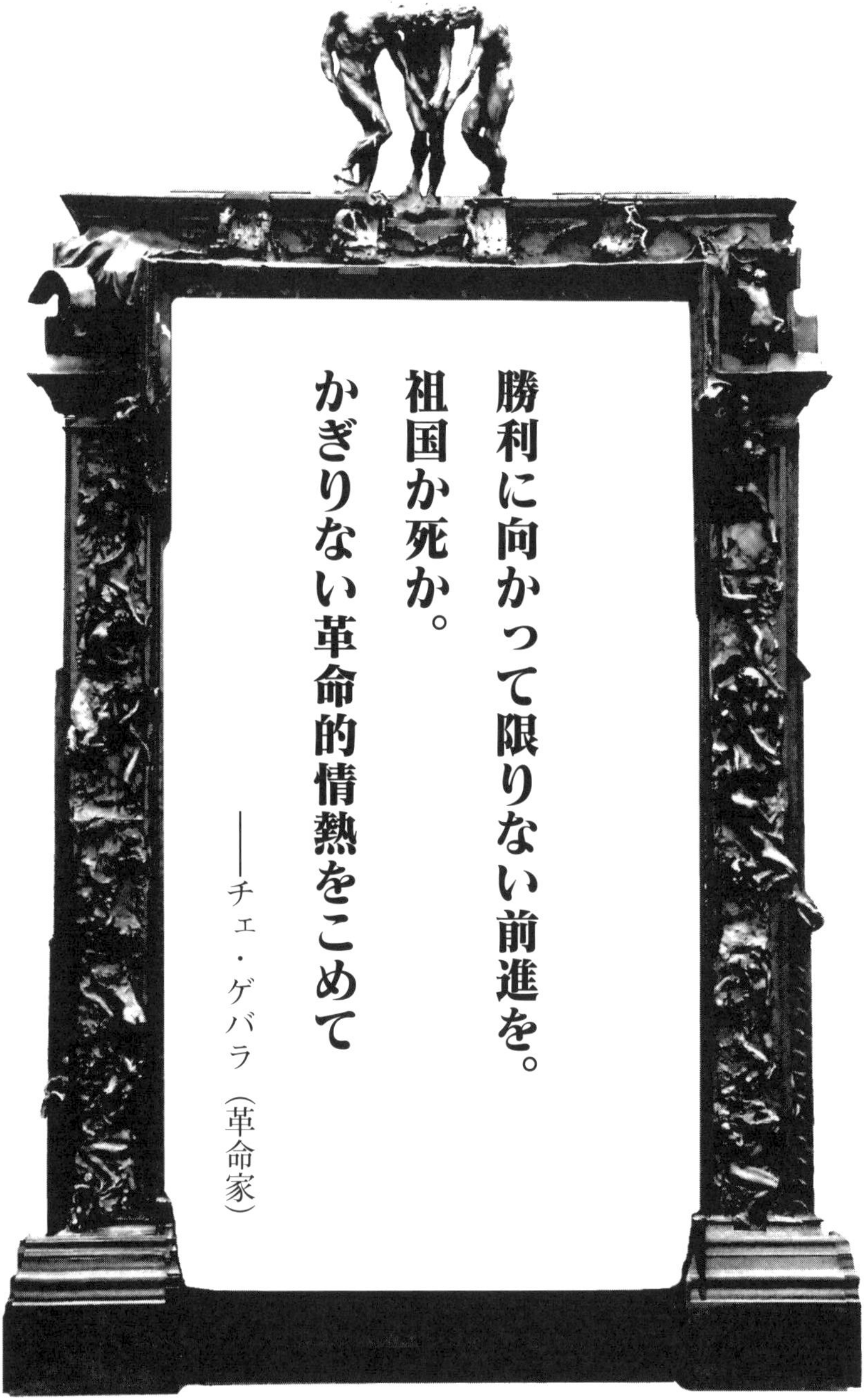

勝利に向かって限りない前進を。
祖国か死か。
かぎりない革命的情熱をこめて

——チェ・ゲバラ（革命家）

チェ・ゲバラは、アルゼンチン生まれの革命家で、カストロと並ぶキューバ革命の立役者。革命を成し遂げたゲバラは、キューバの国籍を与えられ、新政権で閣僚となる。

だが、ゲバラがそこに留まることはなかった。ソ連を味方につけたがったカストロに対し、ゲバラはソ連もアメリカと同じ帝国主義の一員だと批判。大国に身を寄せなければいけない小国の指導者の立場を理解しながらも、ゲバラは自分の信念を曲げるわけにはいかなかった。

これは、カストロとの決別の手紙で、最後に綴《つづ》られたゲバラの言葉。

キューバを去ったゲバラは、アフリカ・コンゴの独立運動に参加した後、独裁政権ボリビアを新たな革命の場に選ぶが、政府軍に苦戦して捕虜として捕えられてしまう。

祖国のためではなく理想のために戦い続けた革命家は、異国のジャングルでその最期を迎えた。

ホセ・マルティである！

――フィデル・カストロ（革命家）

フィデル・カストロが、ゲバラとともにキューバ革命を成し遂げるまでの道のりは、決して平坦なものではなかった。

裕福な農場主の子どもとして生まれたカストロは、ハバナ大学卒業後に弁護士となり、貧困者のために活動。１９５２年には選挙に出馬するが、バティスタ将軍のクーデターによって、結果は無効になった。

１９５３年７月26日、カストロはバティスタの独裁政権に対してクーデターを起こすが、失敗に終わってしまう。

１３０人の同志たちが逮捕され処刑されていくなか、「首謀者は誰だ？」と詰問されたカストロは、毅然《きぜん》とした態度でこう言い放った。

クーデターを起こした１９５３年は、キューバの革命家ホセ・マルティの生誕１００周年にあたる年だった。恩赦で釈放されたカストロが再びバティスタ政権に挑んで革命を成功させるのは、この逮捕から６年後のことである。

我々の恐れなければならないのは、
恐れることそのものである

――フランクリン・ルーズベルト（政治家）

世界大恐慌時に、ニューヨーク州知事から大統領に就任。ニューディール政策によって経済建て直しを図り、また第二次大戦では連合国を勝利に導くなど優れた政治的手腕を発揮した。

これは合衆国史上唯一の四選を果たした大統領・ルーズベルトが就任演説で放った言葉である。

後に「退却から前進に転じるのに必要な努力を麻痺させる、漠然として理屈に合わぬ筋の通らない恐怖感こそ、恐れなければならないのである」と続けた。

未曾有《みぞう》の経済危機に不安になっている国民たちを勇気付けるのに、これ以上の言葉はないだろう。

ルーズベルトは39歳の時にポリオの後遺症により車椅子生活となったが、国民には巧妙に隠し続けたことでも知られている。

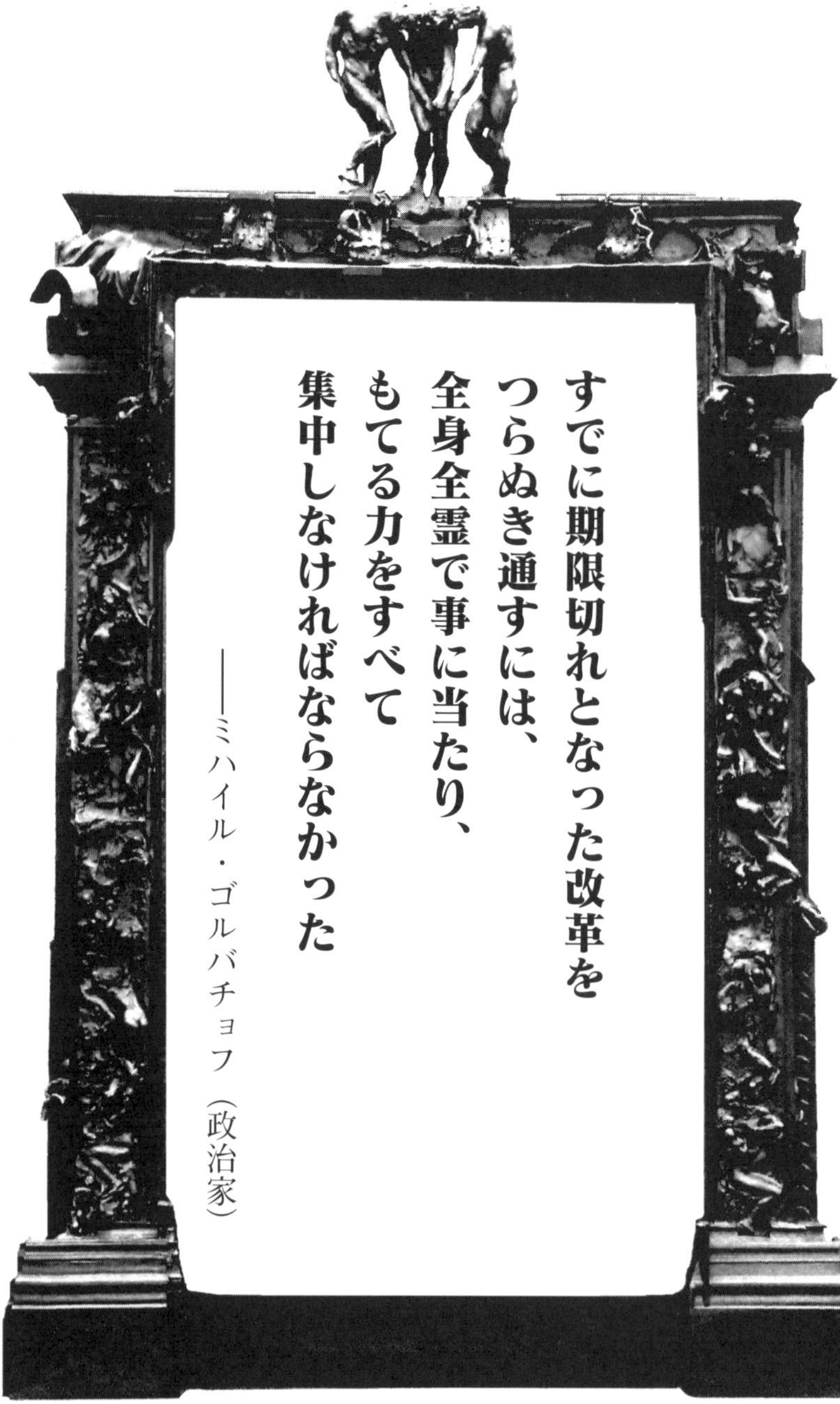

すでに期限切れとなった改革を
つらぬき通すには、
全身全霊で事に当たり、
もてる力をすべて
集中しなければならなかった

——ミハイル・ゴルバチョフ（政治家）

ゴルバチョフはソ連最後の最高権力者。

54歳の若さで共産党書記長に就任すると、大胆な「グラスノスチ（情報公開）」とペレストロイカによって、民主化と自由化の大改革を断行。外交面でも軍縮を推進させ、40年にもわたる東西冷戦を終結させた。

言葉は、ソヴィエト国営テレビでの辞任演説で、自身の改革を振り返って言ったものである。

ゴルバチョフは1990年、最初で最後となるソ連の大統領に就任すると、その功績からノーベル平和賞を受賞した。

その翌年、1991年4月16日には、ソ連の元首として初めて来日。当時の海部俊樹総理と会談を行い、日ソ共同声明に署名した。日本では「ゴルビー」の愛称でも親しまれた。

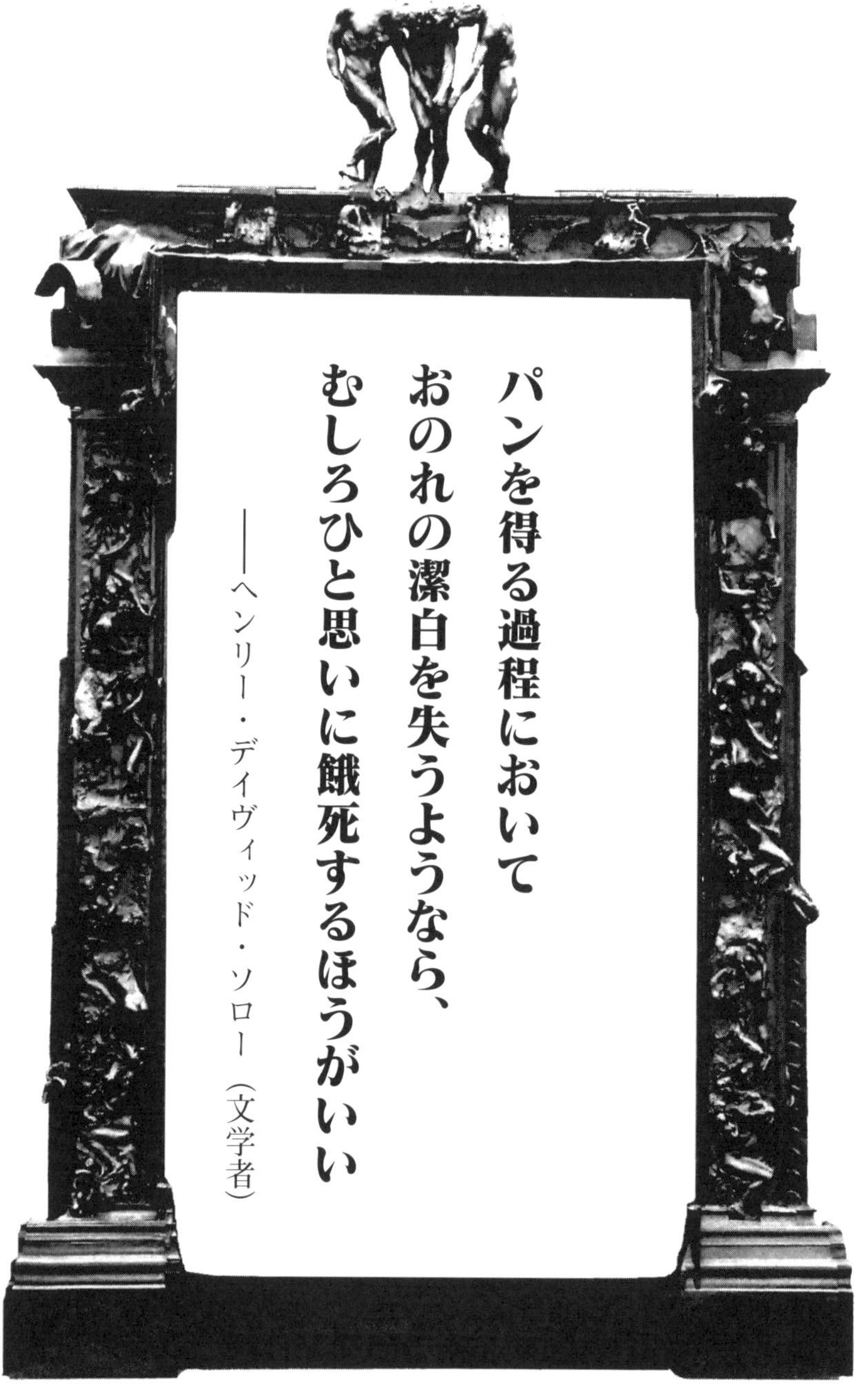

パンを得る過程において
おのれの潔白を失うようなら、
むしろひと思いに餓死するほうがいい

――ヘンリー・デイヴィッド・ソロー（文学者）

ヘンリー・デイヴィッド・ソローは、19世紀アメリカにおける最も有名な作家の1人。2年2カ月もの間、自給自足による森での一人暮らしをまとめた『ウォールデン――森の生活』は大きな反響を呼び、エコロジー思想の先駆者となった。

コンコード生まれのソローは、名門ハーバード大学卒業後、故郷のパブリック・スクールの教師となるが、わずか2週間で退職。学校の理事から子どもにムチを使うように命じられたのが、教師を辞めた理由だった。

決して自分を曲げることのなかったソローによる反骨精神あふれる言葉がこれだ。その後、ソローは、定職に就くことはなく、測量士や庭師など職を転々としながら作家活動を続けた。

もしわたしを捕まえようとしたら、
あなた、すぐこれでわたしを撃ってね

――宋《そう》美《び》齢《れい》（蔣《しょう》介《かい》石《せき》の妻）

中華民国の指導者蔣介石のファーストレディー。

上海の富裕な家庭に生まれ、アメリカ留学を経て蔣介石と結婚した宋美齢は、中米関係の架け橋となって活躍した。

アメリカ仕込みの気の強い性格で知られており、西安事件で蔣介石が軟禁されると自ら西安に飛ぶ。飛行機が着陸する寸前に、ハンドバッグから拳銃を取り出して側近にこう言った。

「もし張学良軍がわたしを捕まえようとしたら、あなた、すぐこれでわたしを撃ってね」

決死の覚悟で挑んだ交渉で、宋美齢は張学良《ちょうがくりょう》に内戦の停止を約束した。

翌日、解放された蔣介石は「あいつのおかげで命拾いしたよ」と語っていたという。

１９３６年には国民党航空委員会秘書長に就任。軍用機の調達や外国企業との交渉などで辣腕《らつわん》を振るい、「中国空軍の母」と呼ばれた。

２００３年10月に米ニューヨーク・マンハッタン島の自宅で死去。享年１０６歳だった。

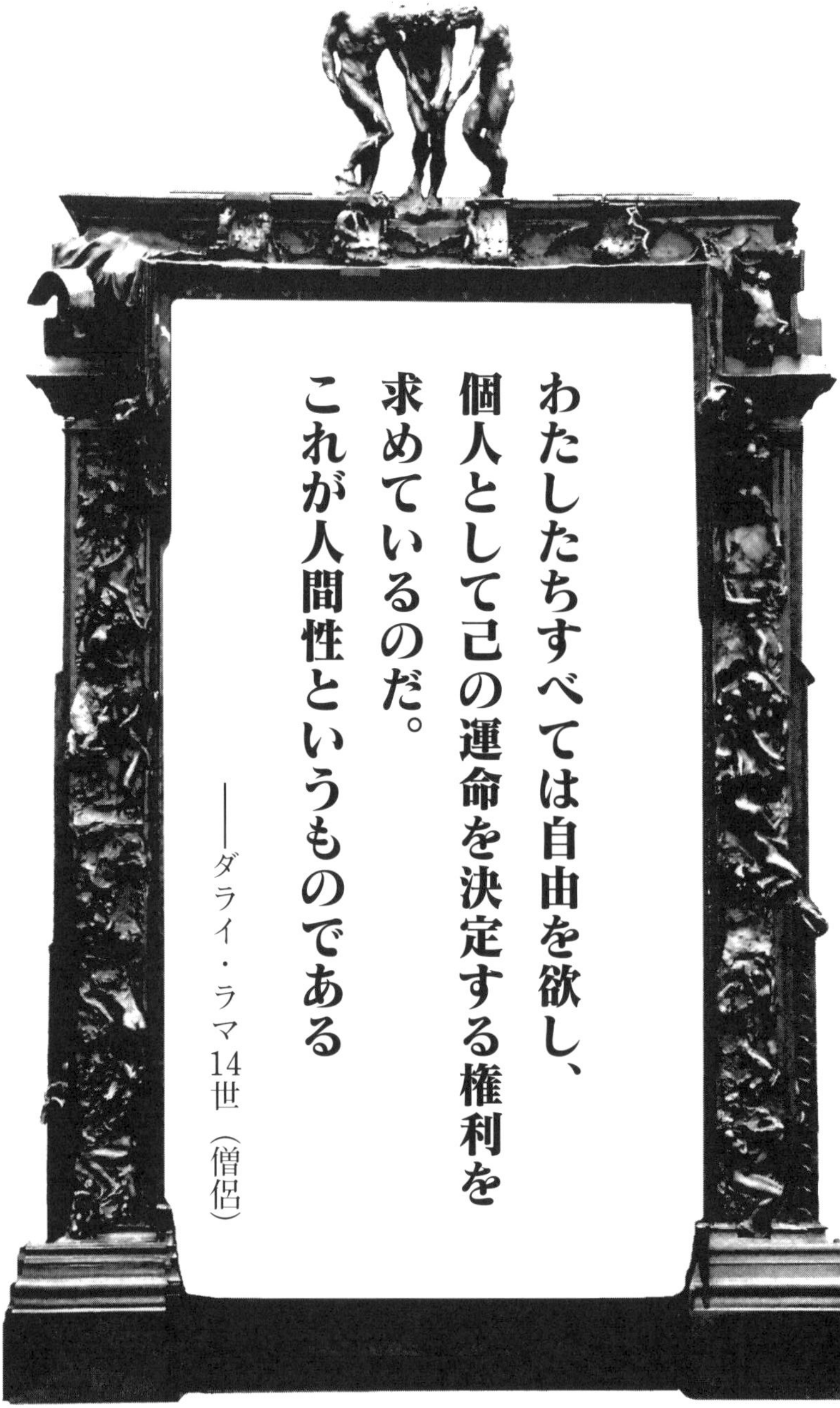

わたしたちすべては自由を欲し、
個人として己の運命を決定する権利を
求めているのだ。
これが人間性というものである

——ダライ・ラマ14世（僧侶）

ダライ・ラマはチベット仏教の最高指導者。チベット東北部の農家に生まれ、２歳の時に先代13世の転生者として認められ、５歳で正式に第14世として即位した。

１９５９年、チベット動乱が発生するとインドへ亡命し、北部のダラムサラにチベット亡命政府を樹立。

中国政府による人権侵害、弾圧を批判しながら、一貫して非暴力平和的手段でチベット問題へ取り組んだ。１９８９年にはノーベル平和賞を受賞。

世界的に尊崇される宗教指導者による言葉がこれである。

中国からのチベットの独立、あるいは自決権を勝ち取ろうと今なお、その戦いは続いている。

生死は度外《どがい》に措《お》きて
唯《た》だ言ふべきを言ふのみ

——吉田《よしだ》松陰《しょういん》（思想家）

吉田松陰は幕末の思想家、教育者。

私塾の松下村塾《しょうかそんじゅく》を主宰し、高杉晋作、桂小五郎、伊藤博文らを輩出。明治維新の原動力であり、精神的指導者でもあった。

松陰は日米修好通商条約を結んだ幕府を激しく批判し、老中暗殺を計画。危険分子とみなされ、井伊直弼《いいなおすけ》の「安政の大獄《あんせいのたいごく》」によって死刑を命じられた。

死刑執行の年、江戸の獄中から松陰が、弟子の高杉晋作に宛てた手紙の中で書いたのが、この言葉である。

自分の生死を度外視してでも、言うべきことをただ言うのみ――。

まさに命を賭けた師の熱き志を、高杉らは受け継ぎ、倒幕を成し遂げることとなる。

軍人か国家に対して
ねだるようなことはしてはならない

――ダグラス・マッカーサー（軍人）

１９２９年の世界大恐慌に伴って、生活が苦しくなった軍人たちが臨時の生活資金を求めて、フーバー大統領がいるホワイトハウスに詰め掛けた。もちろん、苦しいのは一般市民も同じだったが、自らの命を賭けて国家に尽くしてきた軍人たちに同情する声もあり、世論は賛成と反対の真っ二つに別れた。

この難局に挑んだダグラス・マッカーサーは、陸軍参謀総長の立場でありながら、陸軍の戦車隊を出動させて、容赦なく退役軍人たちを排除。力ずくでテントまで破壊した。

あまりにも冷徹な対応に、国内では批判が高まるが、それに対してマッカーサーが言った言葉がこれだ。

その毅然とした態度は世論を落ち着かせただけではなく、マッカーサーの存在感を強く示すことになった。彼がＧＨＱの最高司令官として日本にやってくるのは、それから約15年後のことであった。

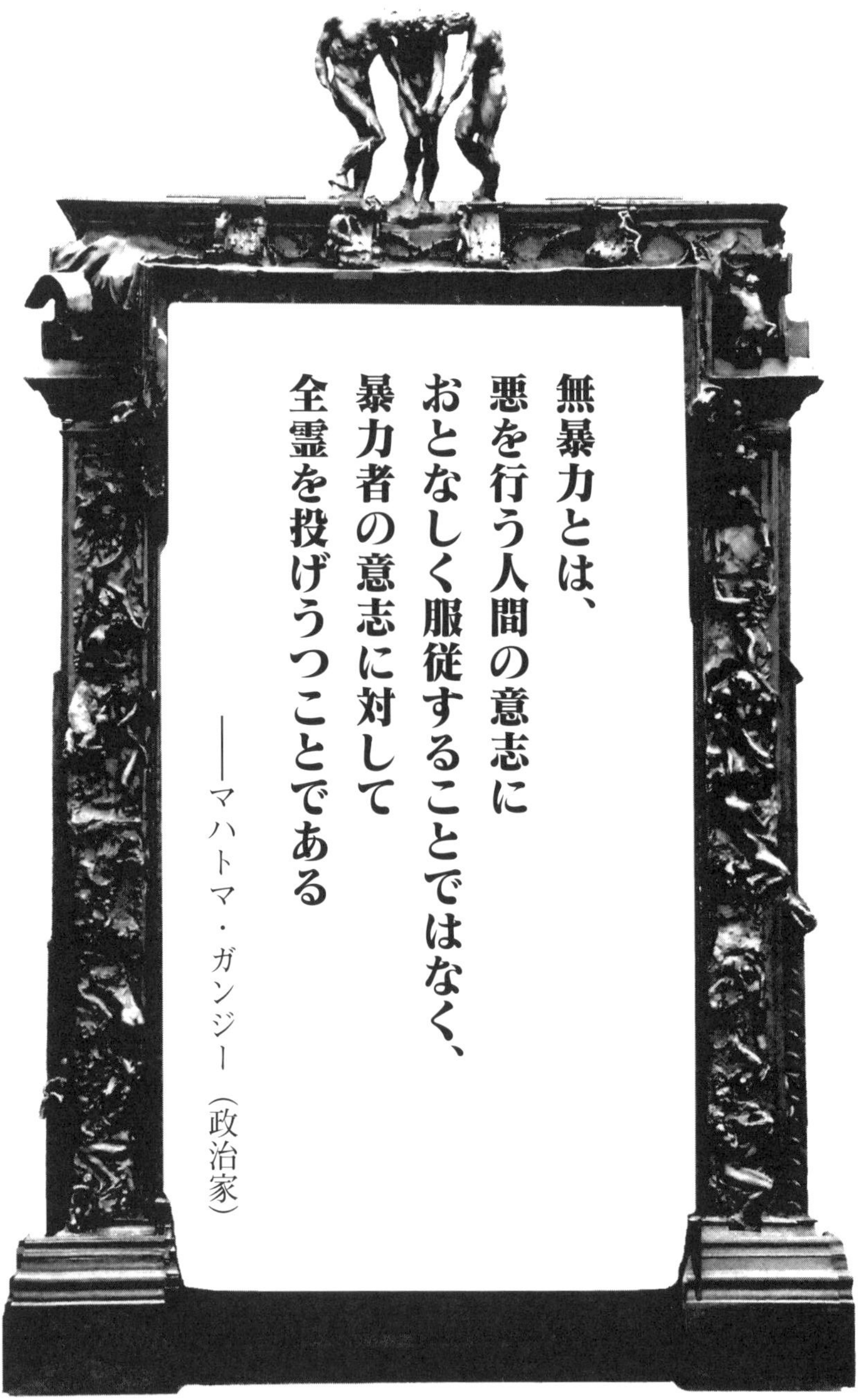

無暴力とは、
悪を行う人間の意志に
おとなしく服従することではなく、
暴力者の意志に対して
全霊を投げうつことである

——マハトマ・ガンジー（政治家）

イギリスの支配に対して、「非暴力・不服従」で抵抗し続けた、インド独立の父、マハトマ・ガンジー。

「マハトマ」（偉大なる魂）と呼ばれたガンジーは、イギリスの圧政に対して、断食と祈りによって抗議するように国民に呼びかけた。

国民のイギリスへの不満が暴動や流血騒ぎになると、ガンジーは断食によって、静かなる説得を行って沈静化に成功。また回教徒とヒンズー教徒の対立が深刻化したときも、生命をかけた断食によって両教徒から武器を捨てさせた。

ガンジーの静かな抵抗運動は次第にイギリスを追いつめ、第二次大戦終了後、インドの独立が認められることになる。

ガンジーはその功績から計5回もノーベル平和賞の候補になったが、本人が固辞。受賞には至らなかった。

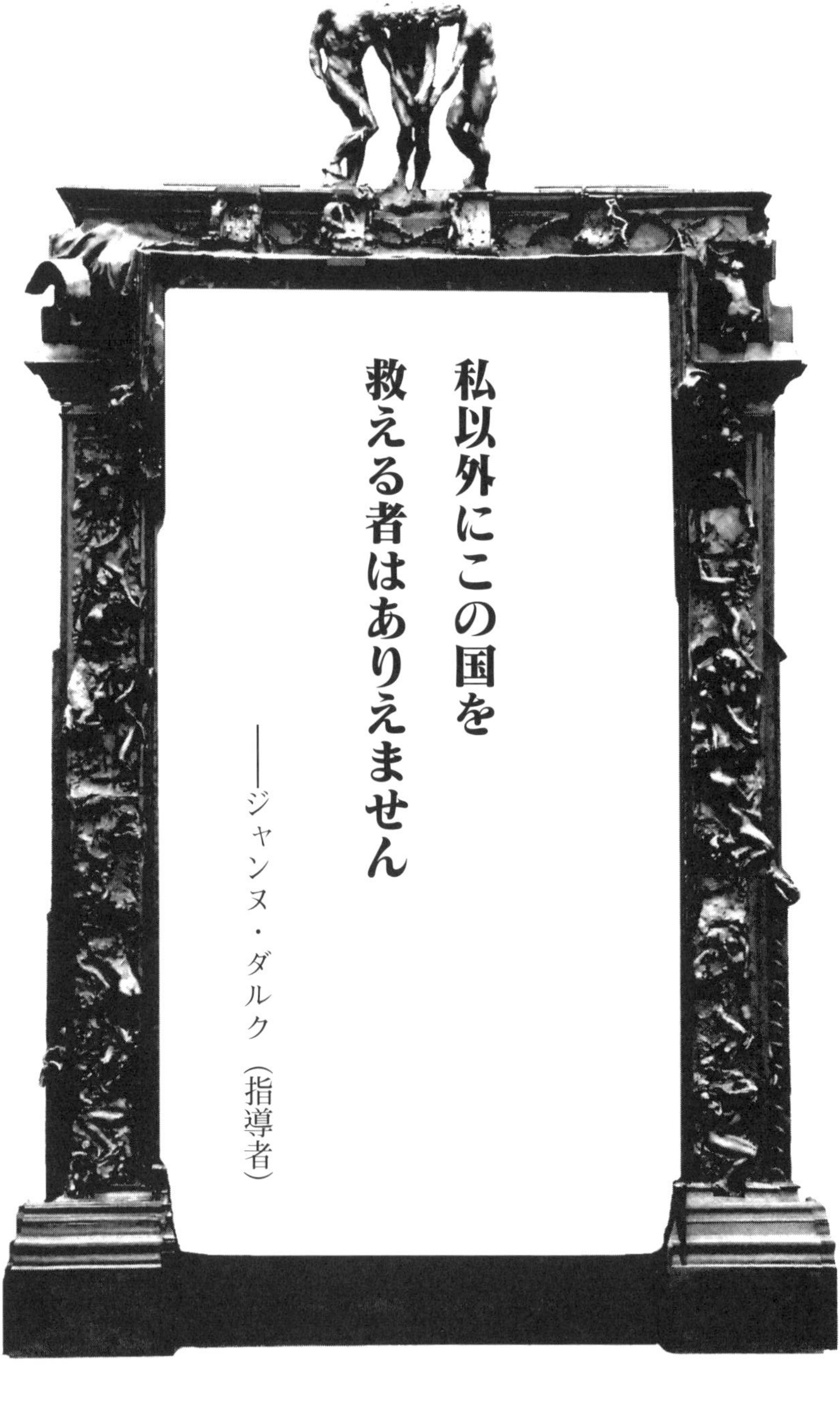

私以外にこの国を
救える者はありえません

——ジャンヌ・ダルク（指導者）

ジャンヌ・ダルクはフランスの国民的英雄。

出生地などは謎に包まれているが、「立って祖国を救え」という神のお告げを聞き、シャルル皇太子のもとへ訪れ、軍隊を貸してほしいと申し出た。

当時、フランスはイギリスと戦争を行っていた。１３３７年から１４５３年まで１１６年にわたって断続的に続いたことから「百年戦争」と呼ばれている。

半信半疑でジャンヌ・ダルクに預けられた数千人の兵は、見事にイギリス軍をオルレアンから撃退。以後も指揮をとって、連戦連勝を重ねたジャンヌは、国土のほとんどを取り返した。

当初はお告げをまったく信じなかったシャルル皇太子に対して、ジャンヌ・ダルクはこう言い切った。

戦争には勝利したが、イギリス軍にとらわれたジャンヌは、魔女裁判にかけられ、火あぶりによって絶命した。

この道が正しいと思ったら、
勇気をもって、常にはっきり直言する。
これが私の流儀である

――西《にし》尾《お》末《すえ》広《ひろ》（政治家）

西尾末広は右派社会民主主義の政治家・労働運動家。

社会民衆党の創立に参加し、第二次大戦後に日本社会党書記長に就任。１９４７年４月に行われた新憲法に基づく戦後最初の総選挙では、社会党が大躍進を見せて第一党となり、史上初めて社会党政権を誕生させることとなった。

これには西尾自身も驚き、知らせを受けたとき、新聞記者に思わずこう言った。

「本当かい、君。そいつぁえらいこっちゃぁ」

政権交代可能な社会主義を目指したリアリストの言葉がこれだ。

第一党となっても首班指名は受けず、四党政策協定による片山哲内閣を発足させた西尾は、自身は官房長官として自由、民主のキャスティングボートを握る道をとった。

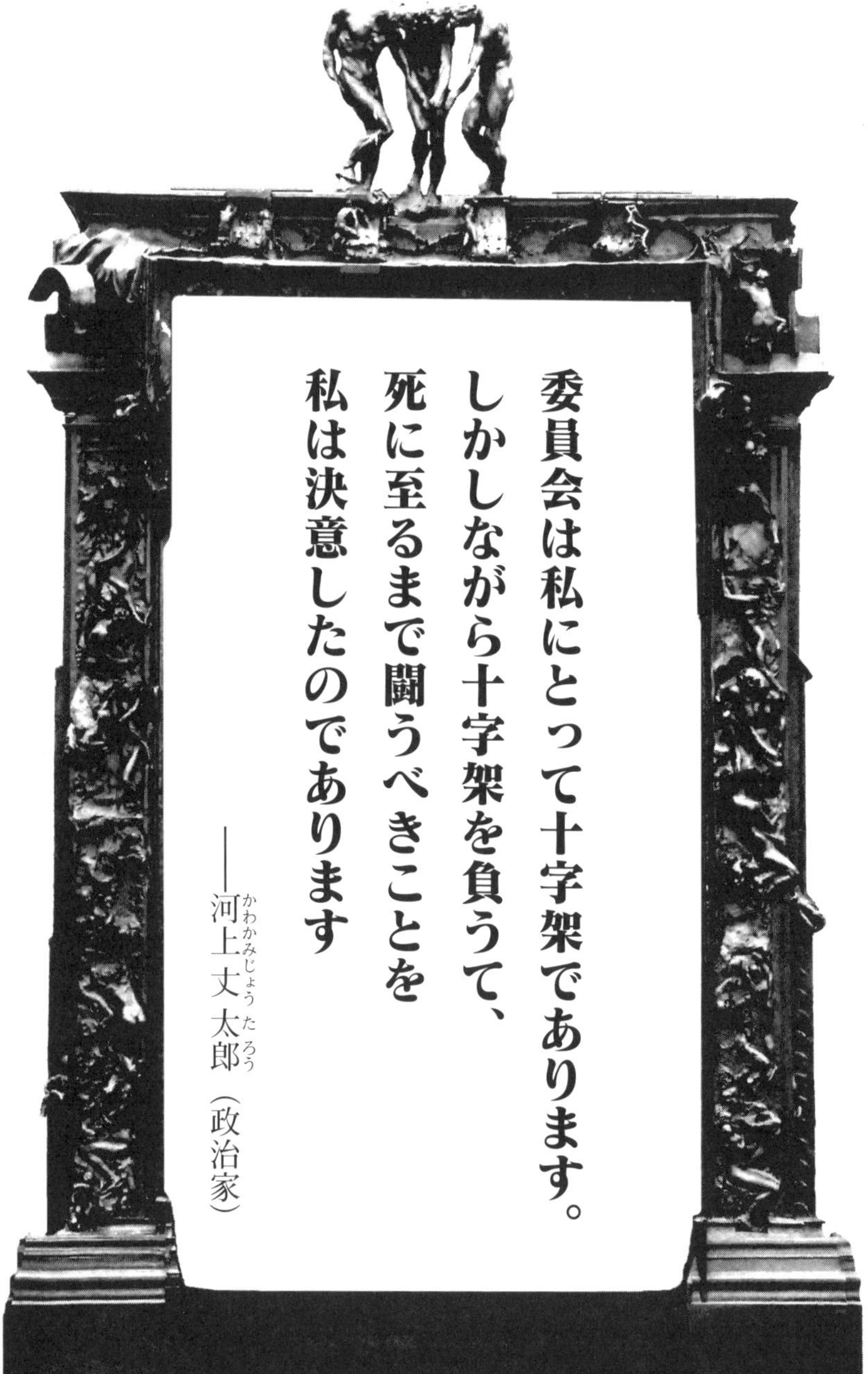

委員会は私にとって十字架であります。
しかしながら十字架を負うて、
死に至るまで闘うべきことを
私は決意したのであります

——河上《かわかみ》丈《じょう》太郎《たろう》（政治家）

河上丈太郎は、右派社会党委員長、日本社会党委員長を歴任したクリスチャンの政治家。自ら戦争責任を認めた稀有な政治家として知られており、戦後は平和活動に力を注いだ。温厚な性格で人望が厚かった河上は、ＧＨＱによる追放解除がなされるとすぐに委員長へ就任することを求められたが、当初は固辞していた。追放された責任と、総選挙の洗礼を受けずして党首になるべきではないという思いからである。だが、その態度が党内でますます「河上コール」を巻き起こすことになる。

そして１９５２年８月、河上は担ぎ出されるかたちで、委員長就任を決意。東洋大学講堂での就任演説で「この苦難の道を避くることを私の良心が許さない」として、この言葉を続けた。

この名スピーチによって、河上は「十字架委員長」と称された。聴衆の党員には涙する者もいたという。

皮肉にも就任演説の翌日に、吉田茂による「抜き打ち解散」が敢行。河上は旧兵庫１区から出馬し、見事にトップ当選を果たす。日本社会党を大きく前進させた。

我々が命をかけて闘ってきたのは、
膚《はだ》の色による差別である

——ジュリウス・ニエレレ（タンザニア初代大統領）

ジュリウス・ニエレレはタンザニアの初代大統領。

教員から政治家へと転身を果たし、タンガニーカ・アフリカ人民族同盟（TANU）の創設に加わり、党首となった。

自国の独立を掲げ政治活動を展開し、国民の支持を徐々に広げたニエレレは1961年、タンザニア独立が承認されると、翌年に初代大統領の座に就いた。

ある議員から「我々は長い間、白人やインド人の搾取に苦しめられてきたのに、なぜ新生タンザニア政府は白人やインド人にまで投票権を与えるのか」と問われて、ニエレレが答えた言葉がこれだ。

ニエレレは1967年のアルーシャ宣言を採択し、タンザニアの社会主義化を推進。「ムワリム（先生）」と親しまれた。

私どもは所信に向かって、
ご機嫌取りはしないつもりであります

——石橋湛山《いしばしたんざん》（政治家）

石橋湛山は、東洋経済新報社の主幹・社長を務め、自由主義に立脚した経済ジャーナリスト。

帝国主義全盛の時代に、全体主義化・軍国主義化を厳しく批判し、植民地や軍備の放棄を訴えて「小日本主義」を提唱した。

異色の言論人は戦後、政界へと進出し、戦後経済の再建を推進。自民党最初の総裁選において、岸信介、石井光次郎《みつじろう》を抑えて、第２代自由民主党総裁、第55代内閣総理大臣に就任した。

遊説演説で、石橋が繰り返した言葉がこれだ。国民の人気取りのために、国家を誤った道へ導かないという強い信念が感じられる。

２カ月で病によって退陣を余儀なくされたが、その後も「日中米ソ平和同盟」を目指すなど自由主義・民主主義・平和主義を掲げ続けた。

私は民主的で自由な社会の
実現のために生きている。
しかし、もし必要あらば、
その理想のために
私は死ぬことも覚悟している

——ネルソン・マンデラ（政治家）

第１章　決意に満ちた言葉◆19

革命はしばしば過激な言動を伴うが、ネルソン・マンデラは穏健派で、白人との平和共存路線をとった。同じ黒人解放運動指導者でも、マルコムXとは１８０度違う方針で、革命を成し遂げようとした。

マンデラは27年間にわたる刑務所生活を終えた後も、白人を恨むことなく、当時の白人政権のデクラーク首相と握手を交わした。それどころか、黒人たちに白人への報復をしないように訴え、ともに民主国家を作っていく姿勢を打ち出した。

この言葉は、理想高きマンデラの決意と覚悟に満ち溢れている。

マンデラは南アフリカのダーバンで15年ぶりに開かれた「人種差別反対世界会議」でも、こんな魂を震わせる名言を吐いた。

「人種差別は魂の病だ。どんな伝染病よりも多くの人を殺す。悲劇はその治療法が手の届くところにあるのに、まだつかみとれないことだ」

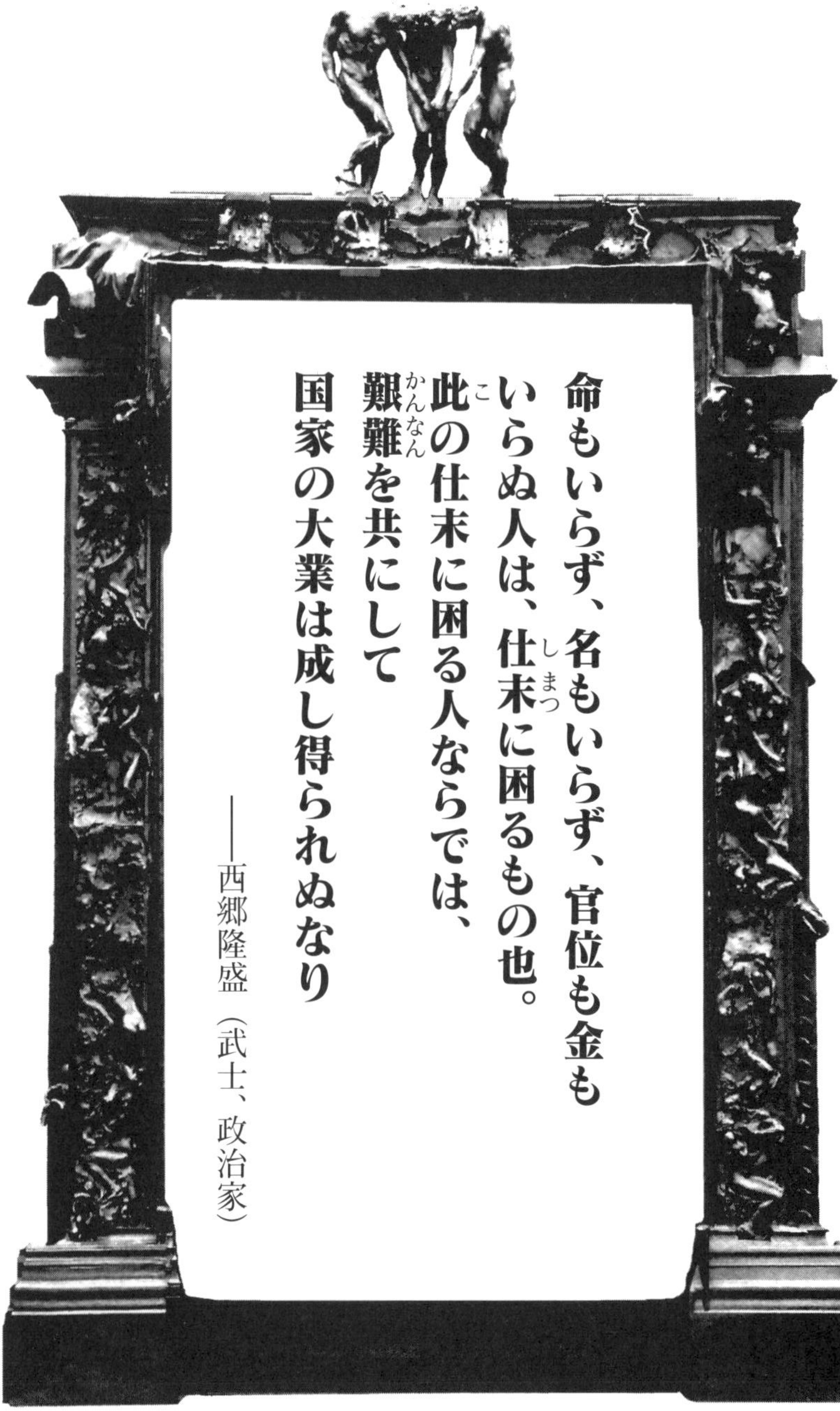

命もいらず、名もいらず、官位も金も
いらぬ人は、仕末《しまつ》に困るもの也。
此《こ》の仕末に困る人ならでは、
艱難《かんなん》を共にして
国家の大業は成し得られぬなり

——西郷隆盛（武士、政治家）

西郷隆盛は、幕末に活躍した薩摩藩の武士、政治家。倒幕・維新に尽力し、木戸孝允《きどたかよし》や大久保利通とともに「維新の三傑《さんけつ》」と呼ばれた。

西郷は、廃藩置県、徴兵制の施行、身分制度の廃止、太陽暦の採用など、近代日本の礎を築いたと言っても過言ではない。

その実績はもちろんのことだが、近づけばみなが魅了されてしまう器の大きさや、謙譲で無私無欲な人間性においても西郷は高く評価されている。明治新政府の官僚たちが利権に走る中、ただ1人、贅沢とは無縁の生活を貫き通した西郷の言葉がこれだ。

「命もいらぬ、名もいらぬ、官位もいらぬ、金もいらぬというような人は処理に困るものである。このような手に負えない人物でなければ困難を一緒に分かち合い、国家の大きな仕事を大成することはできない」

ほしいものがないというのは、つけ入る隙がないということ。

薩摩藩の下級藩士の家柄に生まれた西郷は、まさに藩のため、日本のために人生を賭した。

私は首相なら務まると思いますが、
首相秘書官は務まりません

——吉田茂（政治家）

昭和の宰相《さいしょう》・吉田茂は、マッカーサー元帥はじめＧＨＱの占領下という難しい局面で、壊滅状態にあった日本を復興へと導いた戦後最大の政治家。吉田は終戦後の１９４５年に外務大臣に就任し、その翌年に首相に就任した。

それよりはるか前の１９１６年、首相となった寺内正毅《てらうちまさたけ》から「俺の秘書官にならんか」と言われて、答えたのがこの言葉である。秘書官のポストを蹴ったばかりか、「首相なら務まる」とは、実に大胆不敵だが、その後の吉田の活躍を思うと、ハッタリとも言えない。

その強烈なリーダーシップから「ワンマン宰相」と呼ばれた吉田茂。

１９５１年、サンフランシスコ講和条約、日米安保条約を成立させ、戦後の国際的関係における日本の路線を決定付けた。

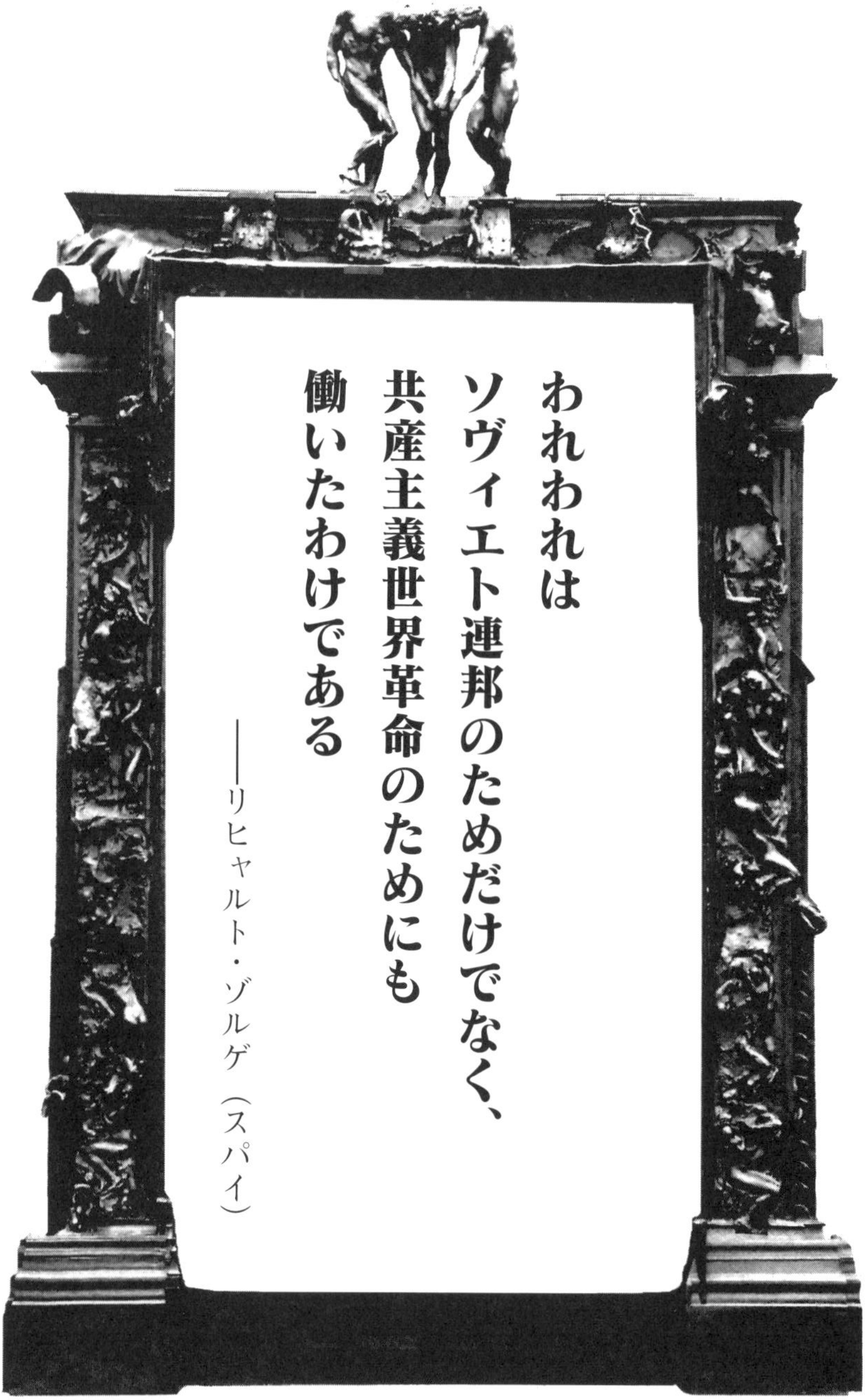

われわれは
ソヴィエト連邦のためだけでなく、
共産主義世界革命のためにも
働いたわけである

——リヒャルト・ゾルゲ（スパイ）

南部ロシアのバクーに生まれたゾルゲは、３歳で両親とともにドイツのベルリンへ移住。第一次大戦が起きるとドイツ陸軍を志願し、負傷した足を療養中にマルクス主義と出合って没頭した。

創立直後のドイツ独立社会党に入党し、やがてモスクワへと派遣された。１９３３年にはスターリンの指令を受け、対ソ戦略を探るスパイとして日本へと送り込まれた。

日本を舞台に国際的なスパイ活動を行ったゾルゲの言葉がこれだ。自国の益のためではなく、世界革命を夢見てゾルゲは東奔西走を繰り返した。「私は戦争を憎む。あらゆる戦争を憎む」とも言っている。

ゾルゲは１９４１年、国際スパイの疑惑で検挙。死刑判決を受け、一緒に検挙された尾崎秀実《ほつみ》とともに、巣鴨拘置所にて処刑された。

独立のためなら悪魔とも手を握る

――チャンドラ・ボース（革命家）

チャンドラ・ボースは、インド反英独立運動の指導者・革命家。

非暴力・不服従で独立を勝ち取ろうとしたガンジーとは対照的に、ボースは武装闘争によって急進的な反英抵抗運動へと傾倒していった。

ムッソリーニと親交を深め、第二次大戦が勃発すると、ドイツに渡って対イギリス戦争を支持。さらに、ドイツ潜水艦で日本に入国すると、首相の東条英機と面会してインド独立運動に対する全面的支援を取り付けた。

ヒトラー、ムッソリーニ、東条英機のファシズム３巨頭と手を結んだボースの言葉がこれだ。

敗戦直後、ボースは日本経由でソ連に潜入しようとしたが、飛行機事故で死亡。インド民衆は、長い間、神出鬼没な革命家の死を信じなかったという。

愛は私の一切である

――賀《か》川《がわ》豊《とよ》彦《ひこ》（キリスト教伝道者）

賀川豊彦は、大正・昭和期のキリスト教伝道者で、日本の社会運動家の草分け的存在として知られている。

国内はもとより、海外でより高く評価され、１９５４年、１９５５年、１９５６年、１９６０年と４度もノーベル平和賞の候補となったほか、それ以前の１９４７年、１９４８年にも、ノーベル文学賞の候補として名が挙がっている。

21歳の時に神戸の貧民街に身を投じて伝道活動を始め、労働運動や農民運動の指導者として活躍。貧困をなくすために、教育・経済的活動を基本とする協同組合組織の必要性を感じ、生協やＪＡ共済事業を設立した。

宗教、社会思想、文学など多岐にわたるジャンルで１５０冊以上の著作を残し、なかでも自伝的小説『死線を越えて』は読者の感動を呼んで、大ベストセラーとなった。

「日本のガンジー」とも呼ばれた賀川の言葉。

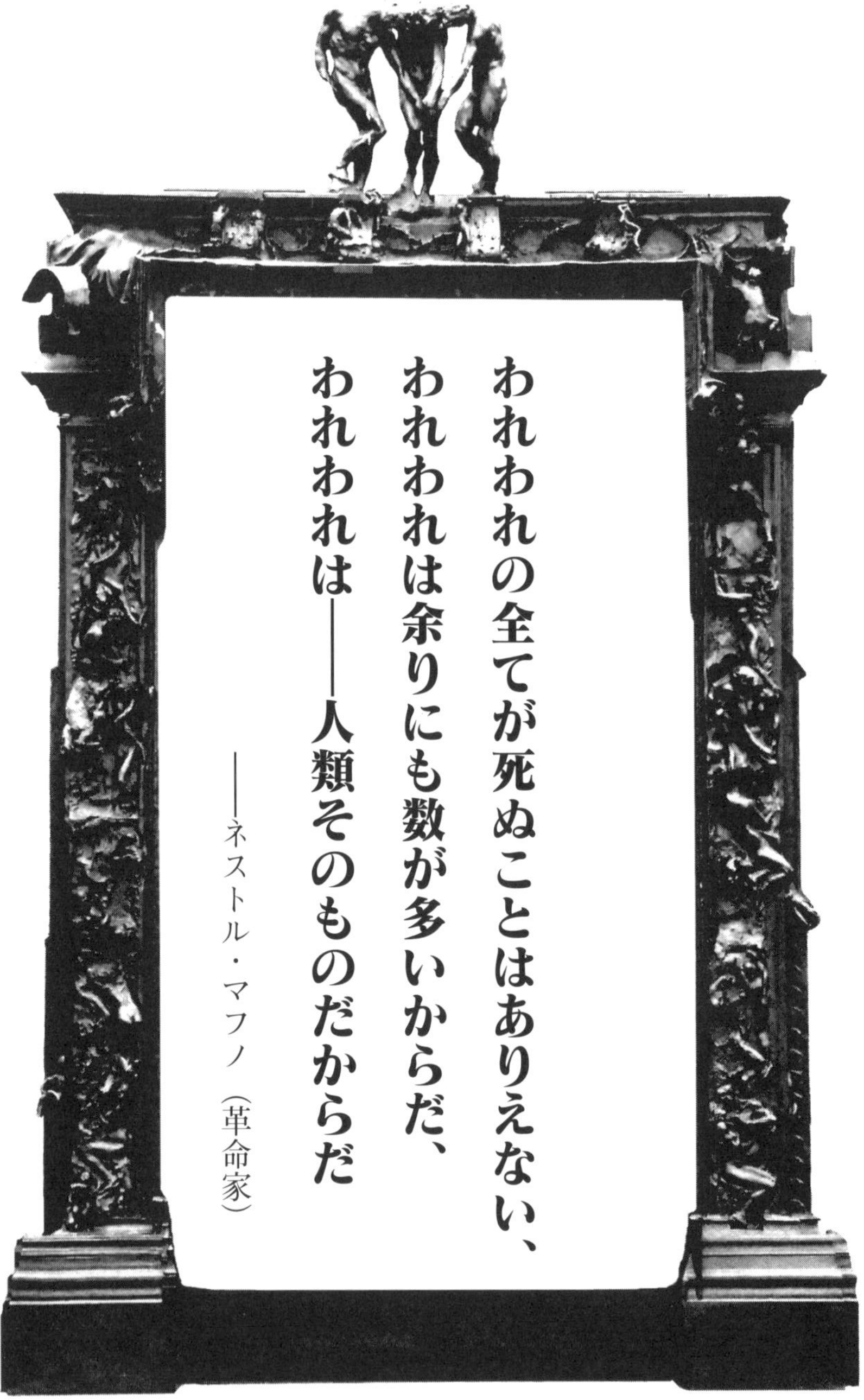

われわれの全てが死ぬことはありえない、
われわれは余りにも数が多いからだ、
われわれは――人類そのものだからだ

――ネストル・マフノ（革命家）

ネストル・マフノは、20世紀ウクライナの革命家。１９１８年から、ウクライナは事実上、ドイツ・オーストリア軍の占領下にあった。旧地主たちを優遇するドイツの傀儡《かいらい》政権への不満が日に日に高まっていたころ、立ち上がったのがネストル・マフノだった。

数多くの村で集会を開いたマフノは農民たちに立ち上がるように呼びかけ、ゲリラ部隊を率いて軍の武器庫や地主の邸宅を襲撃し、資金と武器を収奪。パルチザン軍と密接に連携をとりながら、アナキズム運動を指導した。

農民や労働者に配ったビラの一文のなかに、この言葉はある。勝利を確信していたマフノはこう続けた。

「これまでのように、新たな主人に自分の運命をゆだねるために、われわれは勝つのではない。そうではなく、自分の運命を自分自身の手に握り、自分の生活を自分自身の意志、自分自身の真実によって建設するためにこそ、われわれは勝つのだ」

ウクライナで指導者を意味する「バチコ」と呼ばれたマフノ。

反革命軍であった「白軍《はくぐん》」の撃退に成功したが、第一次大戦後、ウクライナがロシアに返還されると、ボリシェヴィキ政府軍（赤軍）との戦いに敗れ、パリへと亡命した。

魂を私から奪うことはできない

——マルティン・ルター（宗教改革者）

ルターは16世紀ドイツの宗教改革者。ローマ教会による免罪符販売を批判し、１５１７年、「95カ条の提題」をローマ・カトリック教会に突きつけた。信仰改革運動を起こし、ローマ教会と教皇の権威を公然と否定した。

破門の判決を受けるのではないか、と話題になっているとき、ルターは友人に宛ててこんな手紙を書いた。

「私の名と信望はすでにむしりとられています。たった一つ残っているものといえば、あわれな弱い私の身体だけです。彼らはこれをとろうと思っても、せいぜいほんの１、２時間痛めつけるだけで、魂を私から奪うことはできないのです」

まもなく破門状が送られてくるが、ルターはそれを破いて燃やした。

翌年には事実上の死刑を受けるが、ヴァルトブルク城にかくまわれる。その間に聖書全巻のドイツ語訳を短期間で完成させて出版。

現在のドイツ標準語の規準を作り上げた。

私は我が身を投げ打つ覚悟です

――榎《えの》本《もと》武《たけ》揚《あき》（武士、政治家）

榎本武揚は、江戸幕末の海軍副総裁。オランダ留学中に『万国海律全書』によって国際法を学ぶ。

大政奉還後も軍艦を引き渡さず、五稜郭《ごりょうかく》を拠点に箱館政権を樹立。総裁となった榎本が、迫り来る明治新政府軍との戦いを前に、妻への手紙で書いた言葉がこれである。

激しい戦火のなか、箱館政権の艦隊は壊滅。食料も弾薬も尽きると、榎本は自らが捕虜となることで部下の命を保証させたうえで降伏した。

その後、榎本はその知識が惜しまれ、特赦を受けて外国公使、外務大臣など明治政府の要職を歴任。外交・内政において最前線で日本の近代化に貢献した。

第2章

困難に挑む言葉

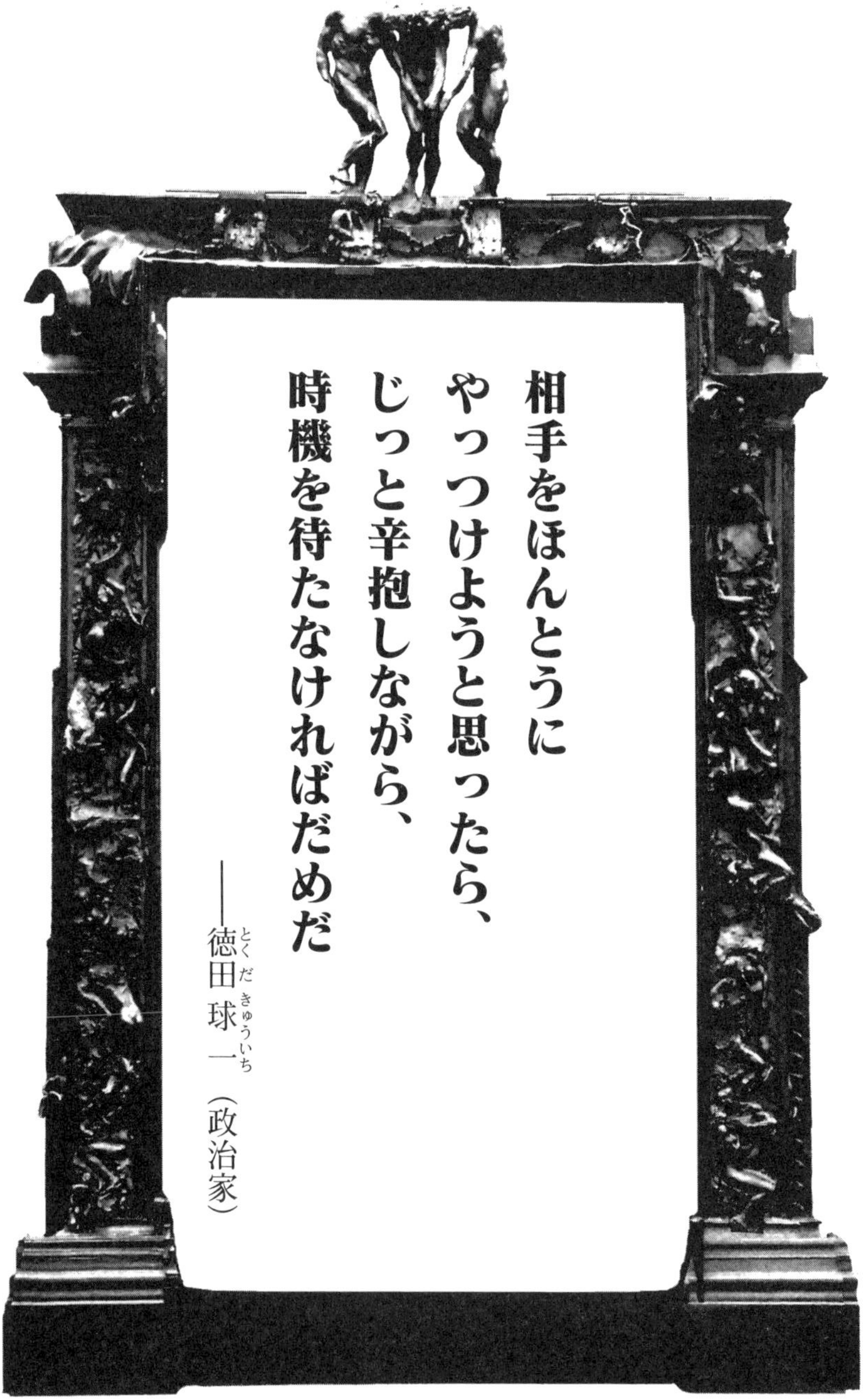

相手をほんとうに
やっつけようと思ったら、
じっと辛抱しながら、
時機を待たなければだめだ

——徳田《とくだ》球一《きゅういち》（政治家）

沖縄県生まれの徳田球一は、日本大学専門部法律科の夜間部で弁護士資格を取得すると、日本社会主義同盟に参加。１９２１年にはソ連へ出向き、帰国後は日本共産党の創設に関わって、第一次共産党事件で逮捕された。

「私の今やっているのは、人類解放の大事業なのです」

そう言って社会主義下の理想国家の姿を夢見た徳田は、第1回普通選挙に労働農民党から立候補したが、あえなく落選。その後、治安維持法で検挙され、実に18年もの月日を獄中で過ごした。

拘禁所での厳しい弾圧に憤る若い囚人に対して、徳田球一がたしなめた言葉がこれだ。

徳田は１９４５年に出獄すると、戦後初代の書記長となり、日本共産党の事実上の創立者となった。衆議院議員に当選を果たしたのは、その翌年のこと。辛抱に辛抱を重ねた人生だった。

自分の人生を自分が決めるということは、
自分の心に自分が打ち勝つことです

——アウン・サン・スー・チー（指導者）

アウン・サン・スー・チーはミャンマーの政治民主化指導者。「ビルマ独立の父」アウンサン将軍の娘として生まれ、オックスフォード大学卒業後、ニューヨークの国連勤務を経てビルマ（現ミャンマー）へ帰国した。

民衆から熱烈な要請を受けて民主化運動へ合流し、「国民民主連盟」（National League for Democracy：ＮＬＤ）を結成。１９９０年の総選挙で80％を超える最大の議席を獲得した。

民衆から圧倒的な支持を受けたＮＬＤだったが、軍事政権はそれを黙殺し、スー・チーを国家防御法により逮捕。20年にわたって自宅軟禁と釈放が繰り返されていた。

２０１０年に軟禁が解除されると、政治活動を再開。２０１５年の総選挙では、ＮＬＤに圧倒的な勝利をもたらした。翌年にはミャンマー連邦共和国の国家顧問に就任。ティンチョー大統領に助言する、事実上の首相として活動している。

表現の自由を奪われ、どれだけ軟禁状態が続いても、平和的方法によって民主化を目指したスー・チーの言葉がこれだ。

自分の心に打ち勝てば、人生を自分で決定することができる。

妄想するよりは活動せよ。
疑惑することよりは活動せよ

――後《ご》藤《とう》新《しん》平《ぺい》（政治家）

愛知県で医者となった後藤新平は、24歳の若さにして病院長に抜擢された。優秀な医師として、順調にキャリアを積んでいくが、次第に公衆衛生に対する関心が高まっていく。

「個々の病人をなおすより、国家の医者となりたい」

そう考えた彼は内務省衛生局へ入局すると、自ら現場に足を運び、道路舗装、下水道の整備に力を注いだ。

１９２３年の関東大震災では、内務大臣兼帝都復興院総裁として都市計画を立案。13億という莫大な予算をつぎ込んで社会基盤を再生させた。

東京の礎を築いたミスター・インフラの力強さを感じさせる言葉。

ちなみに、暴漢に刺された板垣退助を診察し、命を救ったのは後藤新平である。

闘いはわが人生

――ネルソン・マンデラ（政治家）

アパルトヘイト撤廃のために、南アフリカの黒人解放運動に身を投じた指導者。反逆罪に問われて27年間にもわたる獄中生活を強いられた。

それでもマンデラの解放と革命への信念は変わることなく、釈放後はアフリカ民族会議（ＡＮＣ）の議長、さらに南アフリカの大統領に就任。その解放運動が認められ、１９９３年にはノーベル平和賞を受賞している。

黒人への差別は未だに根強い。

マンデラは自伝で「私の長い道のりは、まだ終わっていない」と語り、自分の人生をこう振り返った。

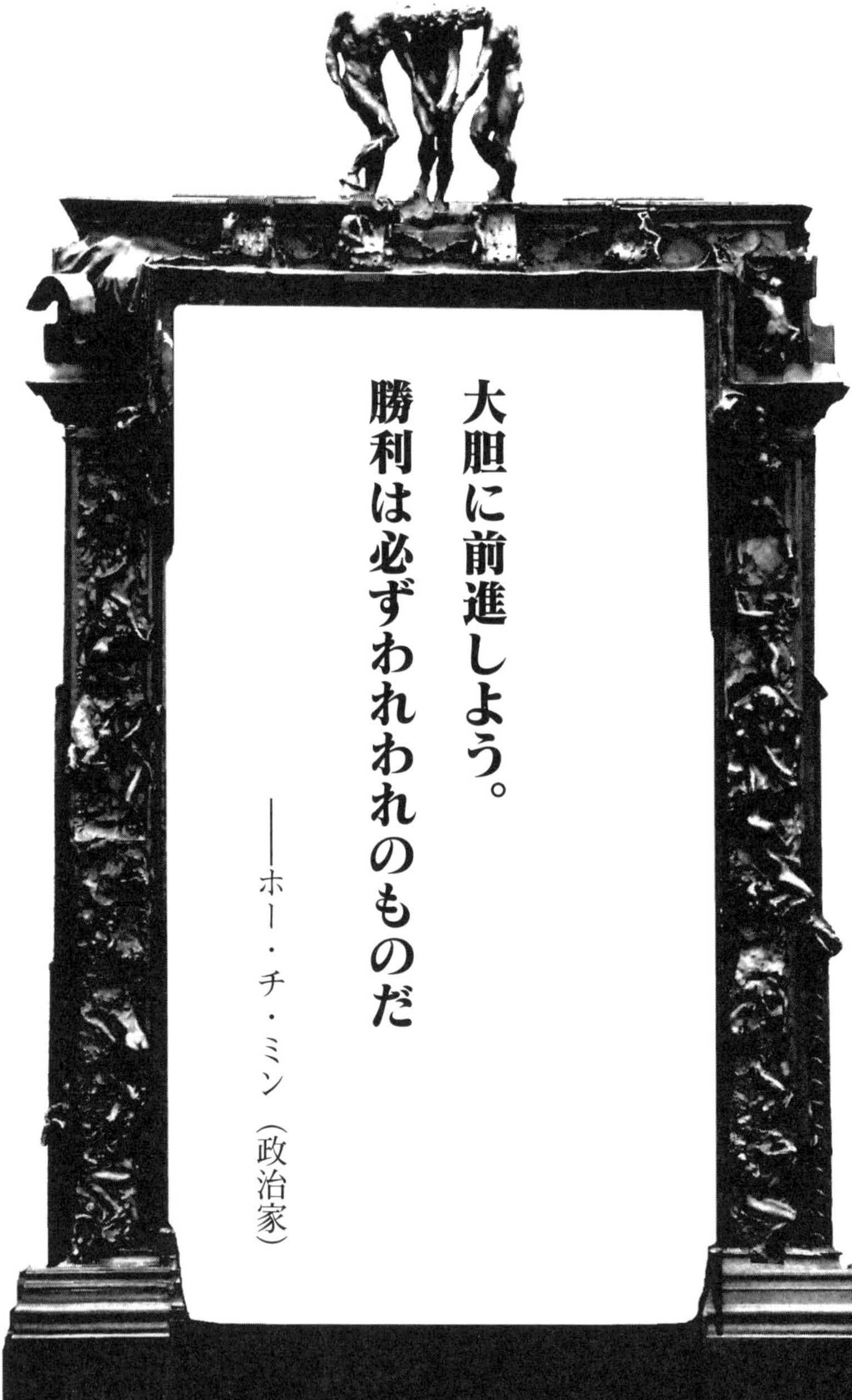

大胆に前進しよう。
勝利は必ずわれわれのものだ

——ホー・チ・ミン（政治家）

ホー・チ・ミンは民主共和国初代大統領兼首相を務めたベトナムの政治家。

フランスの植民地だったベトナム中部にある貧しい儒学者の子として生まれたホーは、フランス滞在中に民族解放運動に参加。１９２０年、フランス共産党に入党し、10年後にはインドシナ共産党を結成した。

ホーは、どこの国にも頼らない「独立」を目指して、フランス植民地時代からベトナム戦争まで時代を通じて、ベトナム革命を主導した。

「ベトナム独立の父」と呼ばれたホーは、労働党中央委員会の第9回会議での演説をこう締めくくった。

温和な表情から「ホーおじさん」の愛称で親しまれたが、独立への信念は並々ならぬものであった。

なんの浮き世ハ三文《さんもん》五厘《ごり》よ。
ぶんと。へのなる。ほど。やつて見よ

——坂本龍馬（武士）

幕末の英雄、坂本龍馬。

脱藩して浪人だった龍馬は、藩を越えて、激動の幕末を縦横無尽に駆け回った。討幕の思いは共通していながらも敵対関係にあった薩摩と長州の間をとりもち、「薩長同盟」締結の立役者となった。

龍馬の言葉として有名なのが、28歳の時に姉への手紙で綴《つづ》られた「日本を今一度、洗濯いたし申し候」だが、その1年前、同じく姉に宛てた手紙で、こんなユニークな名言も残していた。

意味は、「どうせこの世は三文五厘。どうってことはないのだから、ブンと屁をするくらいのつもりでやってみよ」。

屁をするくらいのつもりでやってみた結果、龍馬は江戸幕府を大政奉還まで追い詰め、長きにわたる武家政治に終止符を打った。

決死の思いではなくても人生を達観すれば、革命は成し遂げられる。

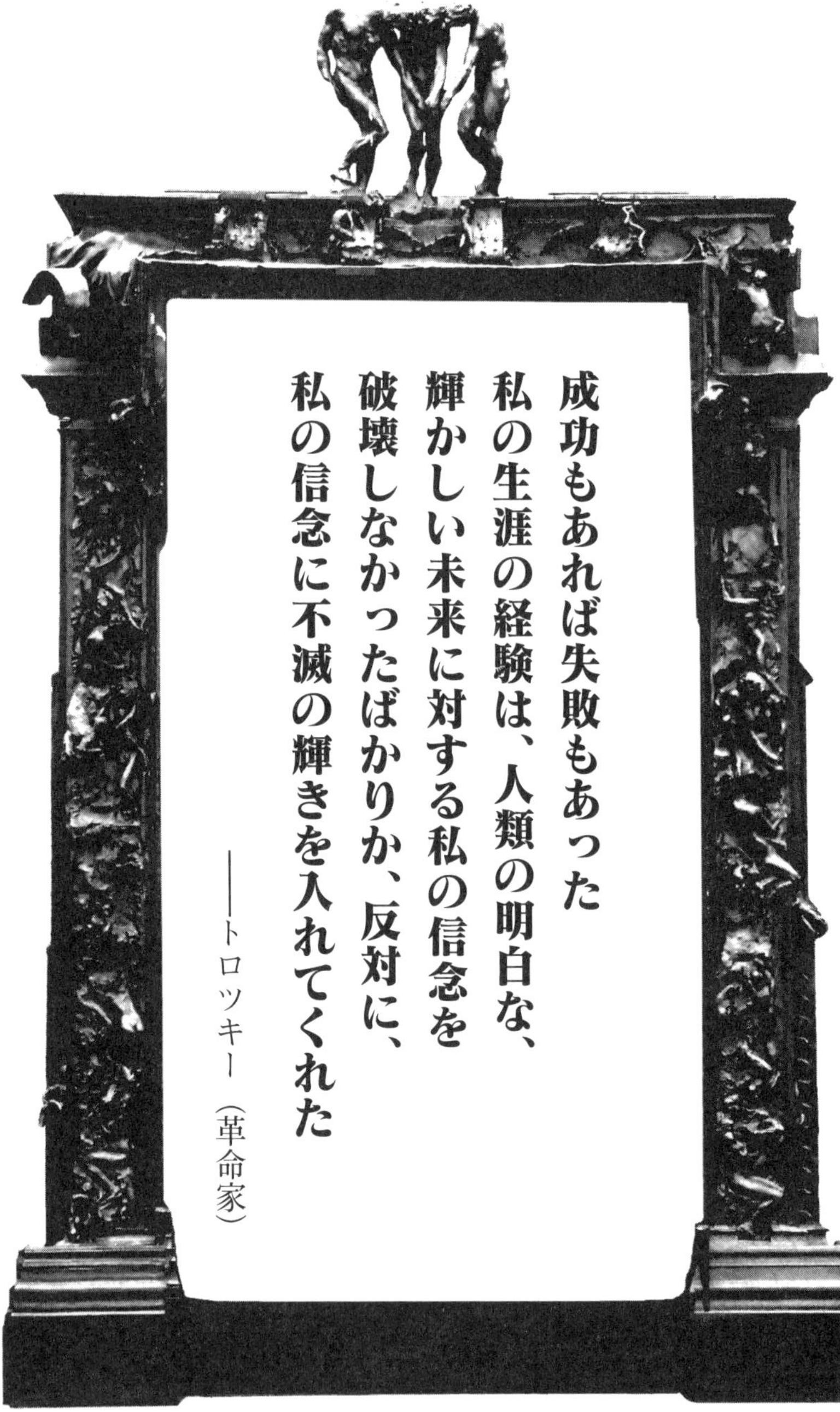

成功もあれば失敗もあった
私の生涯の経験は、人類の明白な、
輝かしい未来に対する私の信念を
破壊しなかったばかりか、反対に、
私の信念に不滅の輝きを入れてくれた

——トロツキー（革命家）

ウクライナ生まれのソヴィエト連邦の政治家。

１９１７年の二月革命後、ボリシェヴィキに入党すると、ペトログラード・ソヴィエト議長として十月革命をレーニンと共に推進した。

革命後、外務人民委員・軍事人民委員などを歴任したが、世界革命論を唱えたことで、一国社会主義を唱えるスターリンと対立。レーニン後継者の大本命でありながらもスターリンとの権力闘争に敗れ、共産党から除名された。

除名に当たっての最終弁論でトロツキーが残した言葉。

後には「信念はいっそう成熟したが、いささかも熱烈を失いはしない」と言い、委員会は感動で静まり返ったという。

国外追放を受けたトロツキーは、１９４０年、スターリンによって放たれた刺客によってメキシコで暗殺された。

なせば成る

――上杉《うえすぎ》鷹山《ようざん》（大名）

江戸時代屈指の名君とも評されている上杉鷹山。17歳で藩主となり、深刻な財政破綻に陥る米沢藩《よねざわはん》を見事に再建させた。

鷹山は一汁一菜を実行しながら大倹約令を出し、また自ら進んで土地を耕しては、家臣総出で開墾《かいこん》に従事させるなど、まずは己が手本を示した。

〝自助・互助・扶助〟の「三助」を掲げ、農民の援助、殖産振興、開拓、水利事業、藩民の教育……と数々の藩政改革に着手した鷹山の言葉がこれである。

「なせばなる　なさねばならぬ何事も

ならぬは人の　なさぬなりけり」

「ならぬ」のではなく「なさぬ」、つまり「できない」のではなく「しない」のだ――。

養子として迎えられた鷹山が藩主の座に就いたとき、瀕死に陥った藩を立て直せるとは誰も想像だにしなかった。実行力あふれる言葉。

主人として誇りを持って行動せよ。
行動はきみ自身のものである

——シャルル・ド・ゴール（軍人、政治家）

シャルル・ド・ゴールは、フランスの第五共和制の初代大統領で「最も有名なフランス人」とも呼ばれている。

第二次大戦中、ナチス・ドイツがパリを陥落すると、フランス政府が降伏を表明したが、陸軍次官だったド・ゴールは降伏を拒否。ロンドンへ亡命してＢＢＣ放送を通じて、国民にドイツへの抵抗を呼びかけた。

１９５８年、アルジェリア民族解放闘争が激化するなかで、圧倒的な国民的人気を背景に首相の座に就くと、大統領に強権を与える新憲法を発案。その翌年には、第五共和制をつくり、自ら初代大統領となった。

現在のフランスの礎を築いたシャルル。その「行動の美学」を体言する言葉がこれである。

後にはこう続いている。

「その行動が当然の行動であるならば、たとえ、その行動で利益をあげることができなくても、きみは成功を愉しめるのである」

日本の魂のドン底から覆《くつが》えして、日本自らの革命に当たろう

——北一輝《きたいっき》（思想家、社会運動家）

北一輝は、明治から昭和初期にかけて活躍した、近代日本の最も重要な思想家の1人。処女作『国体論及び純正社会主義』では明治国家体制への批判を行い、天皇機関説を展開した。

中国の革命運動に参加した後、日本の国家改造を訴えた『日本改造法案大綱』を断食しながら、30～40日で書き上げると、軍人や士官学校生徒から熱狂的に支持された。この言葉は、その日本改造法案にある一節である。

二・二六事件が起きると、北には直接の関与はなかったが、扇動的な役割を果たしたとして軍法会議にかけられて、死刑が科せられた。

右翼主義者ではなく、あくまでも「革命家」として、日本社会をひっくり返そうとした北。右目は義眼だったため、「片目の魔王」の異名をとった。

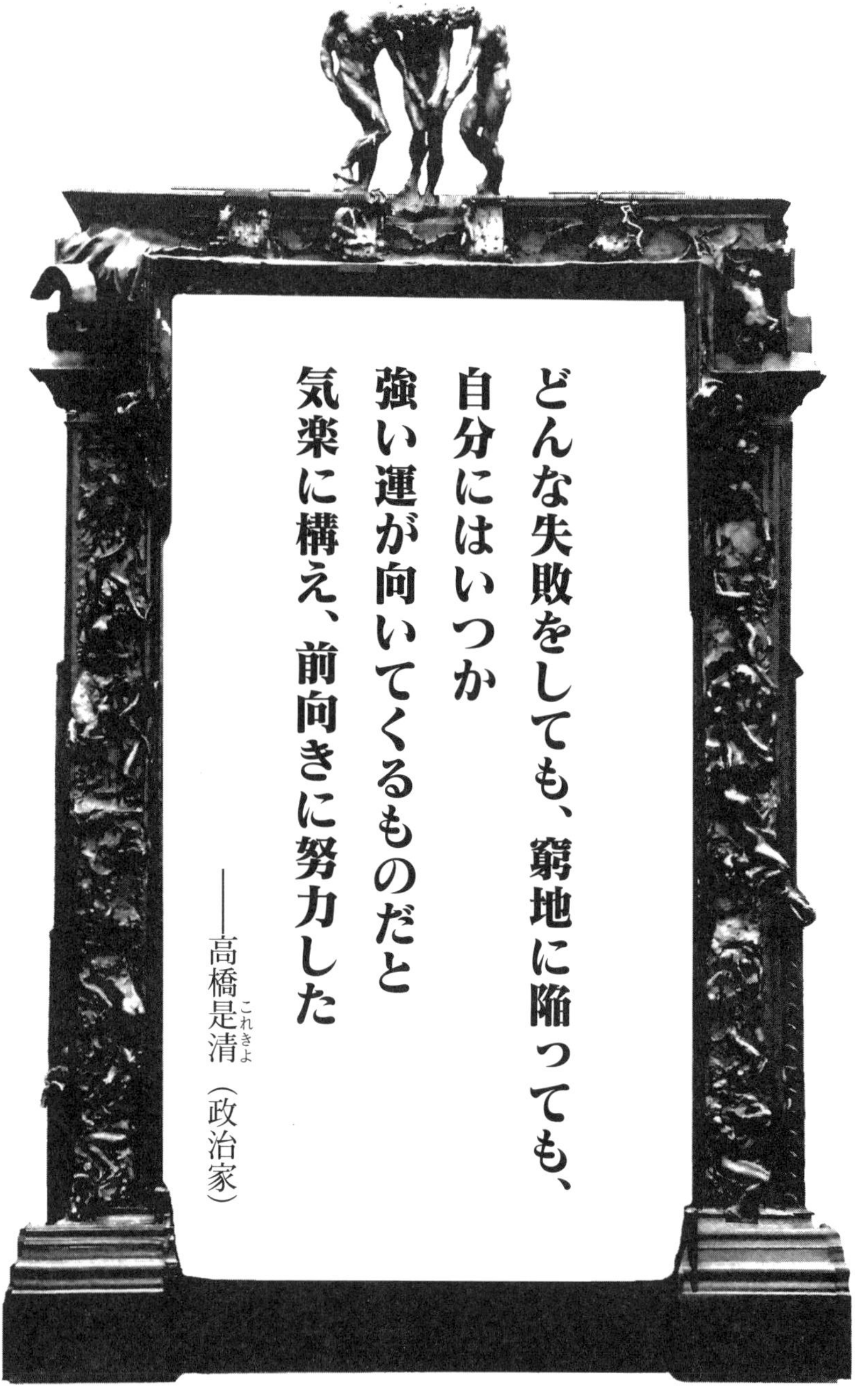

どんな失敗をしても、窮地に陥っても、
自分にはいつか
強い運が向いてくるものだと
気楽に構え、前向きに努力した

――高橋是《これ》清《きよ》（政治家）

高橋是清は犬養内閣の蔵相《ぞうしょう》として、昭和恐慌に苦しむ日本経済を再建させた政治家。平成の大不況でも、手本として挙げられることが多い人物だが、その風貌から当時は「ダルマ」とあだ名をつけられ、国民から親しまれた。

子どものころから「自分は運がいい」と思い込んでいたという高橋だが、江戸に生まれてすぐに養子に出された。そして英語を勉強するため、藩の留学生として渡米したが、オークランドでは奴隷として売買されてしまう。

帰国後はのちに東京大学となる大学南校《だいがくなんこう》で教鞭《きょうべん》をとるが、自身の放蕩が原因で辞職。芸者の三味線を運ぶ持ち屋にまで落ちぶれた。

まさにダルマのように「七転び八起き」の生涯を送った高橋是清のポジティブな名言がこれだ。高橋は原敬《はらたかし》が刺殺されると、その後を継いで首相となるが、二・二六事件で暗殺された。

司令官たるもの前線で指揮をとれ

——エルヴィン・ロンメル（軍人）

「砂漠の狐」と呼ばれたドイツの軍人。

第二次大戦において、さまざまな奇策で敵軍を翻弄し、イギリスのチャーチル首相をして「きわめて勇敢な、きわめて巧みな敵将」と言わしめた。

ロンメル率いるドイツ機甲軍が、戦車部隊の通過が困難とされていたアルデンヌの森林地帯をあえて奇襲し、第一次大戦で５年かけても倒せなかったフランスを倒したのは語り草になっている。

また１９４１年、イタリア軍救援のために派遣された北アフリカ戦線では、神出鬼没の機動戦によって、兵力を大きく上回るイギリス軍相手に大勝を果たした。

誰よりもヒトラーから寵愛を受けながら、最後までナチス党員に属さなかった名将の誇り高き言葉。

48時間以内に革命を起こしてみせる

——ブランキ（革命家）

ルイ・オーギュスト・ブランキは19世紀フランスの革命家。

「革命はやってみなければわからない」という考えを持ち、七月革命を始めにありとあらゆる革命に参加した。

ブランキは革命後のことを尋ねられても、

「川のこちら側にいれば、向こう側のことはわからない。ひとつ川をわたってみようじゃないか」

と、革命ありきの姿勢を崩さなかった。

これは、革命があると必ず現れたブランキの言葉。

だが、革命に参加するタイミングはいつもズレており、あの二月革命においても1週間の後れをとっている。なぜなら革命が起きるその瞬間は大抵、彼は投獄されていたのだった。

ブランキが収監された年月を合わせると33年にも上る。根っからの職業革命家だった。

四百年にもおよぶリンチの歴史は
アメリカ市民が殺人者であることを
証明するものだ

——マルコムX（指導者）

ネブラスカ州オマハに生まれたマルコムXは、６歳の時に牧師の父を亡くす。死体の外傷から人種差別主義者による殺害は明らかだったが、警察には自殺として処理された。その怒りが、彼を過激な黒人解放者へと育てていったと言われている。

黒人解放を訴えた指導者のなかでも、マルコムXは白人と融和することを拒み、黒人を分離独立させることを目的とした。

１９６２年、ラジオのインタビューでマルコムXは「私たち黒人は、自分の意思でメイフラワー号に乗ってやってきたのではない」として、この言葉を続けた。

マルコムXは、１９６４年の「アフリカ系アメリカ人統一機構（ＯＡＡＵ）」の第１回公開集会でも、こう言っている。

「人種差別主義者が非暴力であることは、極めて難しいことである。また知的な人間にとっても非暴力であることは難しい」

この演説から8カ月後、マルコムXは演説中に銃弾を受け、暗殺された。

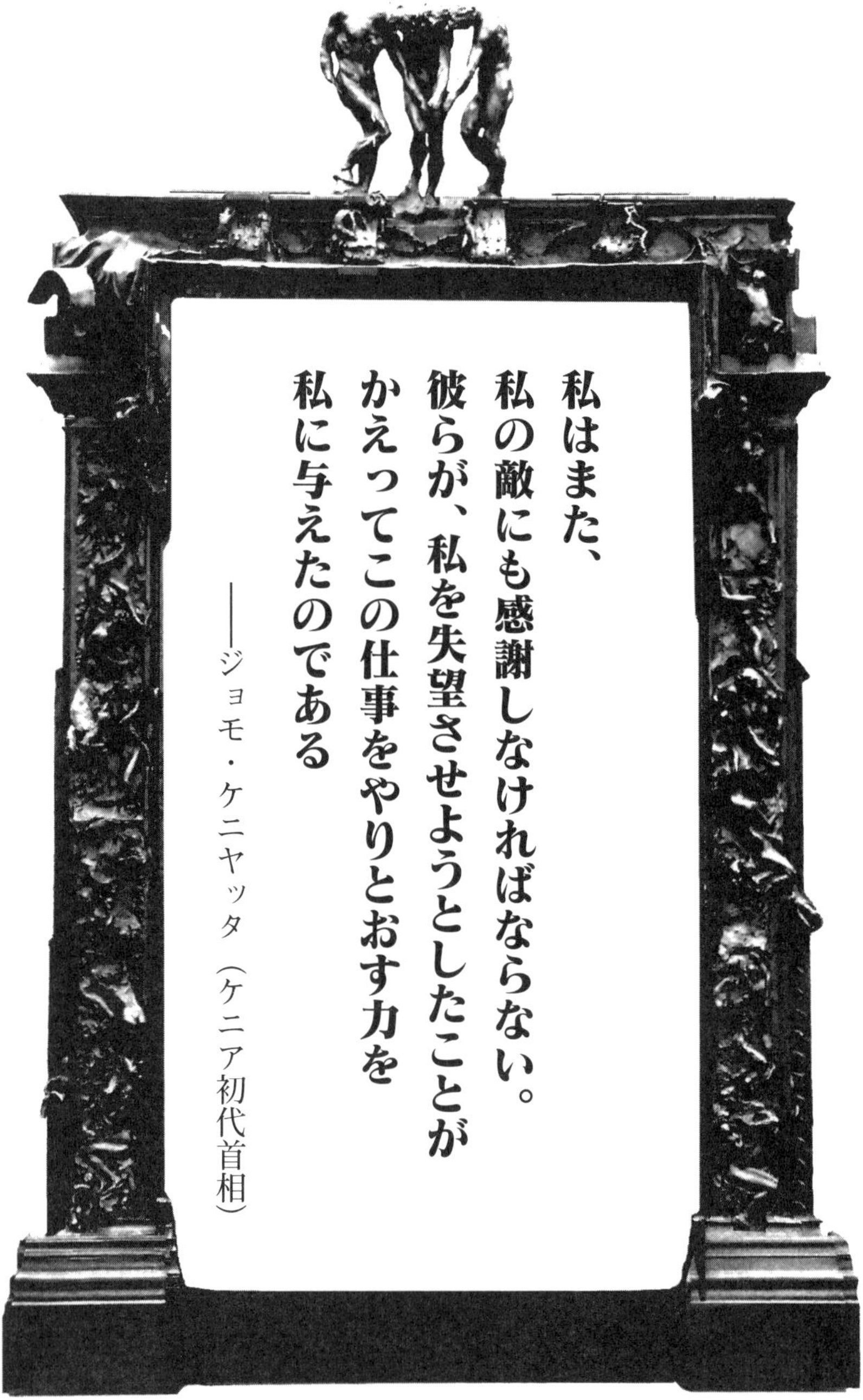

私はまた、
私の敵にも感謝しなければならない。
彼らが、私を失望させようとしたことが
かえってこの仕事をやりとおす力を
私に与えたのである

——ジョモ・ケニヤッタ（ケニア初代首相）

ジョモ・ケニヤッタはケニアの初代首相にして初代大統領。建国の父であり、「ムゼー（おじいさん）」と呼ばれ親しまれた。

イギリス留学で見聞を広めたケニヤッタは、帰国後から独立運動に没頭。1952年から1960年に起こった宗主国イギリスへの反乱「マウマウ団の乱」を指導した疑いで9年もの間、投獄されることとなった。

激しい弾圧のなか、不屈の精神でイギリスから独立を勝ち取り、自ら初代大統領となったケニヤッタの言葉。

強い敵がいるからこそ、成し遂げられる偉業もある。

改革・開放には
大きな肝っ玉が必要だ。
正しいと思ったら大胆に試してみよ

——鄧《とう》小《しょう》平《へい》（政治家）

鄧小平は中華人民共和国の最高権力者。

毛沢東《もうたくとう》の描いた原始共産制を理想とする共産主義革命から180度路線を変更し、中国の「改革・開放」を推し進めた。

三度の失脚を味わうが、そのたびに不死鳥のごとく復活。中国再生の旗手による改革の言葉がこれである。

中国共産党の最高権力を掌握した鄧は、天安門事件では学生運動に厳しい武力弾圧を行い、役職から退いた後もカリスマ的存在として影響力を持ち続けた。

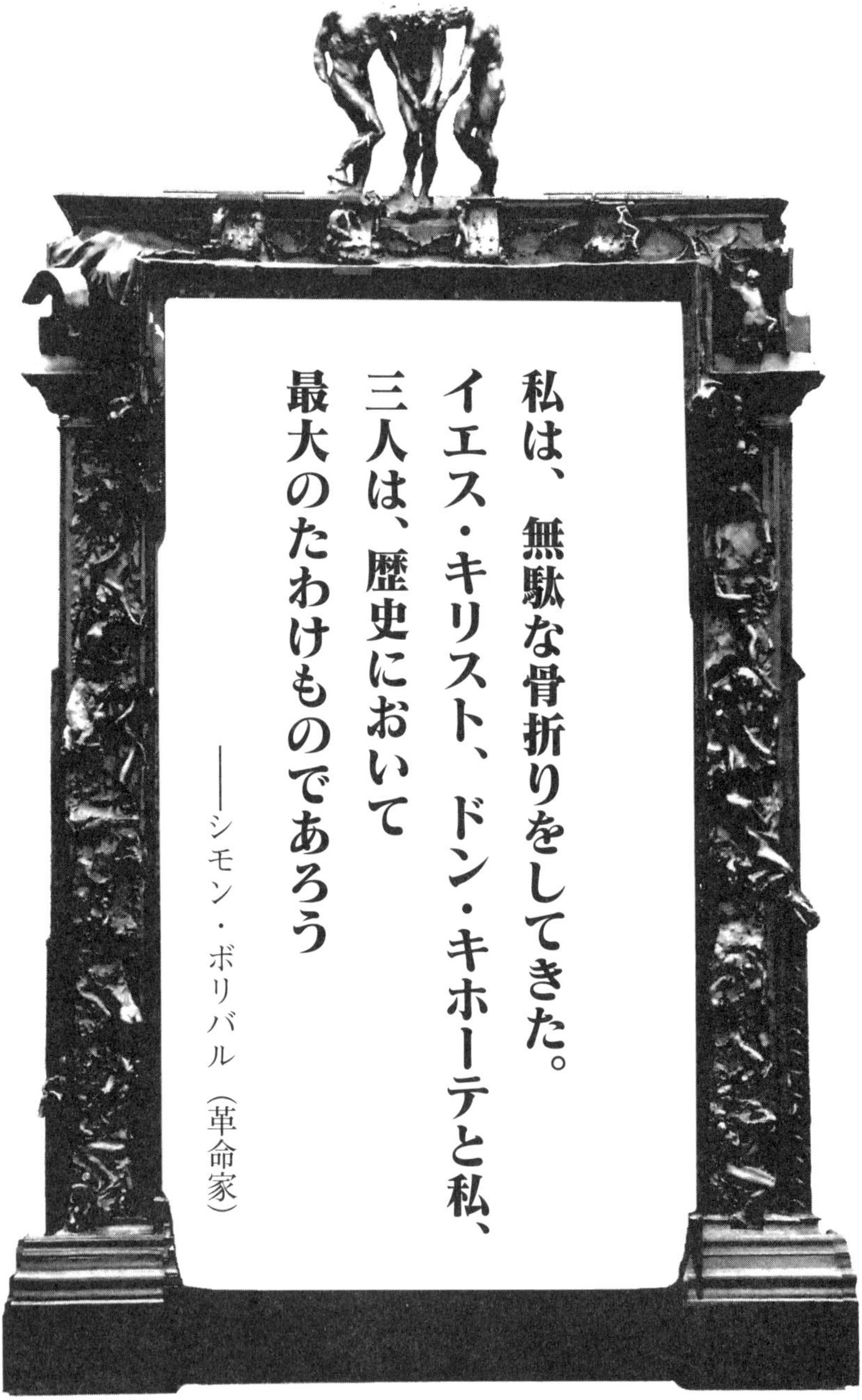

私は、無駄な骨折りをしてきた。
イエス・キリスト、ドン・キホーテと私、
三人は、歴史において
最大のたわけものであろう

――シモン・ボリバル（革命家）

ラテンアメリカの独立運動の指導者、シモン・ボリバル。

ベネズエラ生まれのボリバルは、祖国の独立を夢見て、スペイン人の支配への徹底抗戦を宣言。１８１９年の「ボヤカの戦い」では、兵を率いてまだ探検されていなかったアンデス高地を越え、スペイン軍を驚愕させた。

同年、ボリバルはグラン・コロンビア共和国を創立し、自ら大統領の地位に座った。それは現在のベネズエラ、コロンビア、パナマ、エクアドルを合わせた領土であり、その後もボリバルはチリ、ペルーを解放。ボリバルの功績から、国名は「ボリビア」と変えられ、現在に至っている。

ラテンアメリカ独立の父が放った言葉。馬鹿者だけが世界を変革できる。

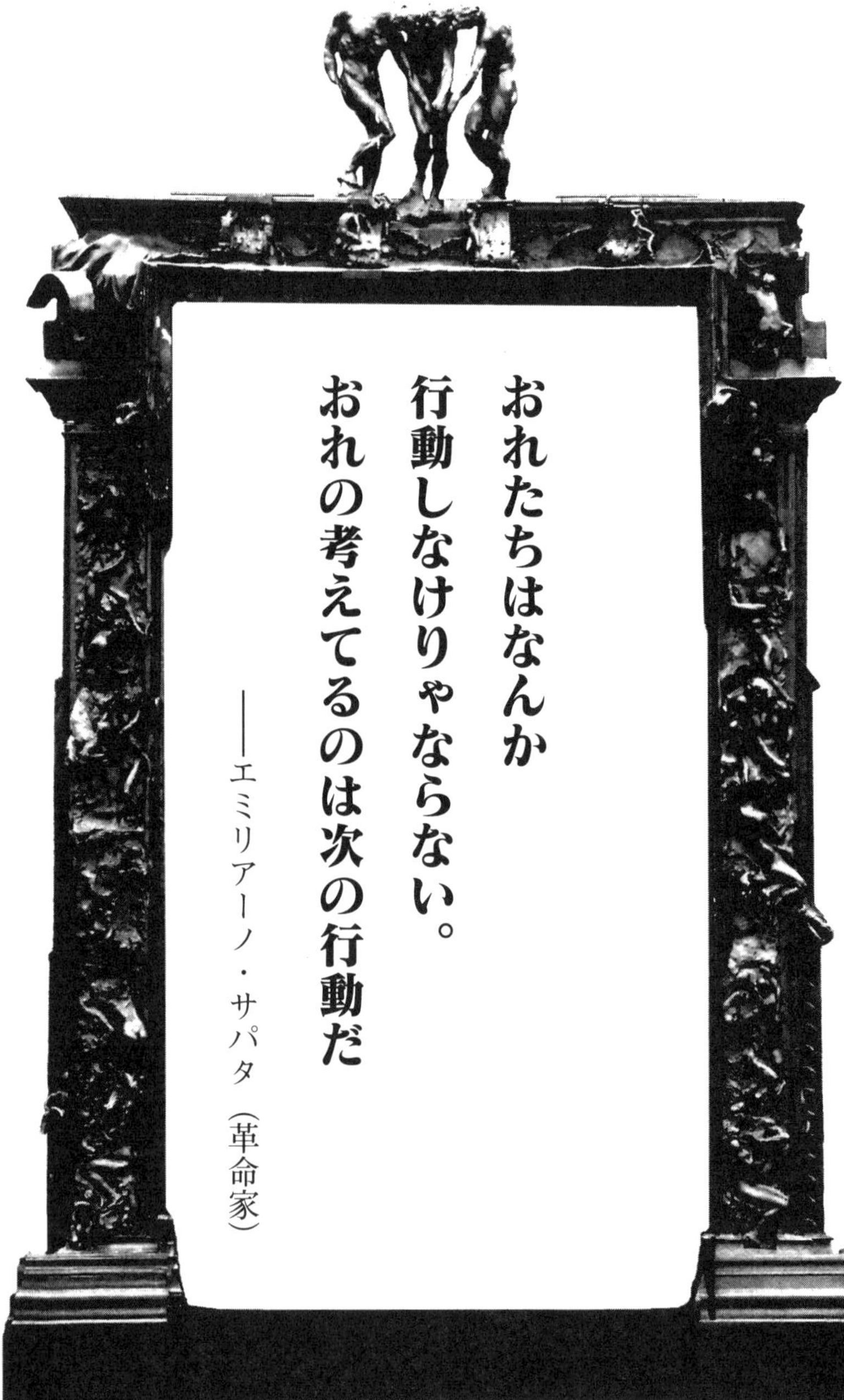

おれたちはなんか
行動しなけりゃならない。
おれの考えてるのは次の行動だ

——エミリアーノ・サパタ（革命家）

エミリアーノ・サパタはメキシコ革命の指導者。

小農の家庭に生まれたサパタは、農民の権利のために東奔西走し、反動的活動から逮捕されると、保釈後はアメリカへ亡命。１９１１年、農地改革を提唱した「アヤラ計画」を発表した。

村落共有地や農民の土地を収奪する政府に反乱の狼煙を上げ、土地の奪還を求めてウエルタ政府軍と激しい戦いを繰り広げた。

類まれな行動力を持つサパタが友人に言った言葉がこれ。その後「どこかで革命を始めなけりゃいけないのだ」と続けた。

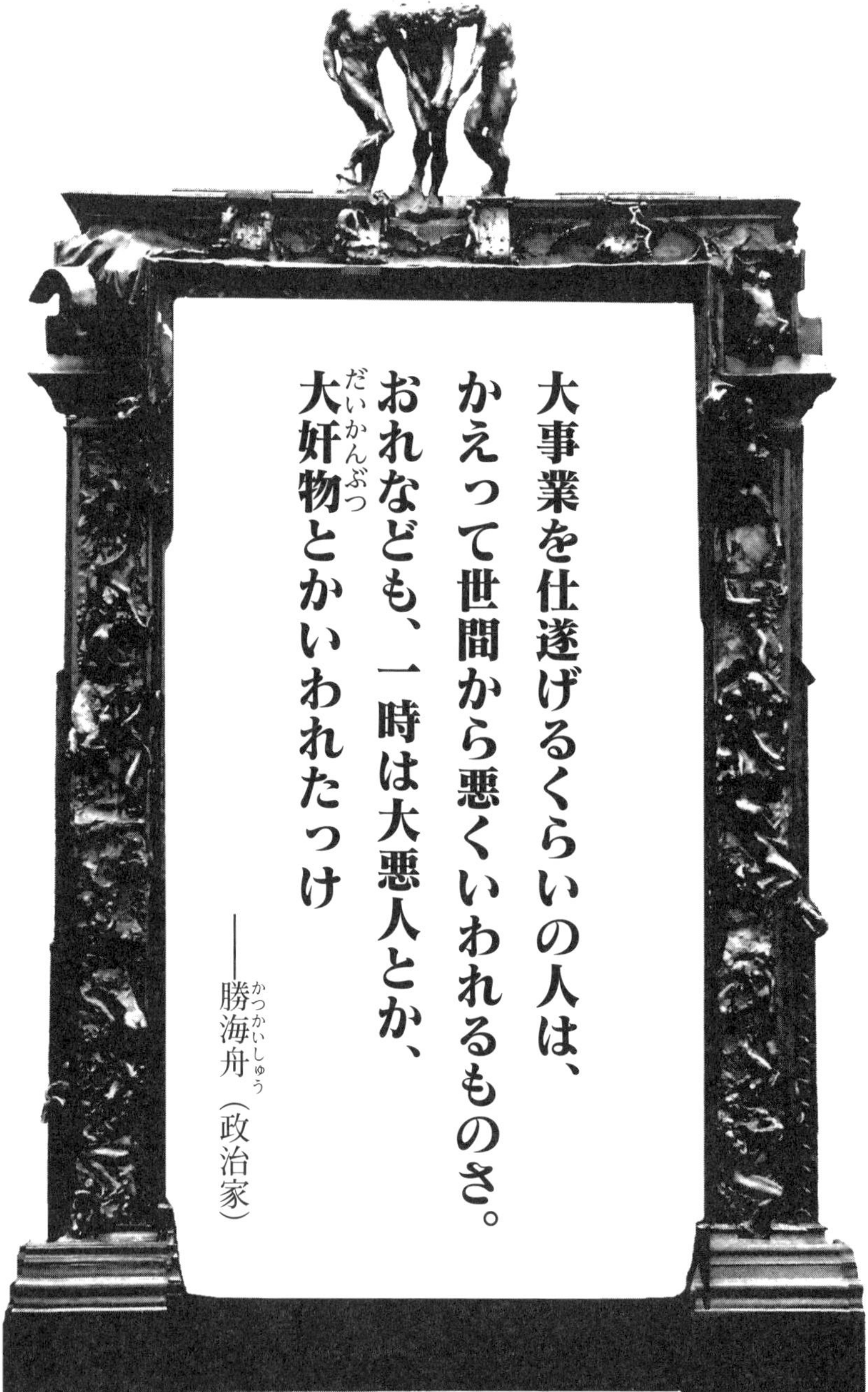

大事業を仕遂げるくらいの人は、
かえって世間から悪くいわれるものさ。
おれなども、一時は大悪人とか、
大奸物《だいかんぶつ》とかいわれたっけ

——勝海舟《かつかいしゅう》（政治家）

勝海舟は、幕末の政治家。

蘭学《らんがく》、西洋兵学に長けた勝は、咸臨丸《かんりんまる》艦長として渡米した後、軍艦奉行を務めた。神戸で開いた海軍操練所では、幕臣のほか諸藩の志士を教育。坂本龍馬の世界観に大きく影響を与えたのも勝である。

戊辰戦争においては、西郷隆盛を説得。新政府軍による江戸城総攻撃を中止させ、江戸城の無血開城を成し遂げた。明治維新の立役者となった勝は、新政府で要職を歴任する。

幕臣でありながら幕政批判を繰り返し、開国を唱えた英傑の言葉がこれだ。

世間から批判されても、ブレることなく己を貫き通す――。革命家の重要な資質の１つと言えるだろう。

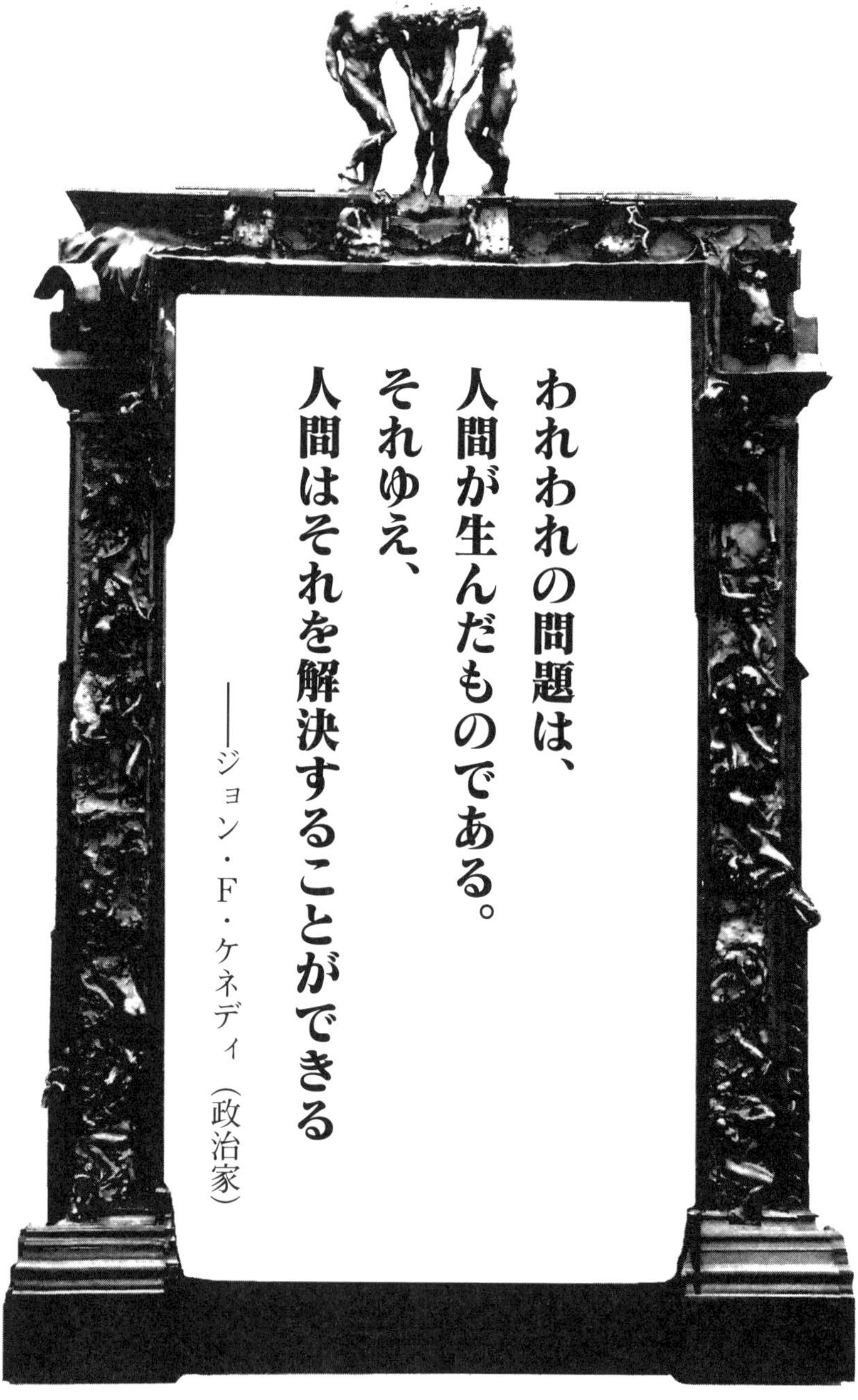

われわれの問題は、
人間が生んだものである。
それゆえ、
人間はそれを解決することができる

――ジョン・F・ケネディ（政治家）

ジョン・F・ケネディは、ニクソン副大統領との壮絶な大統領選挙戦に僅差で打ち勝ち、最年少の43歳でアメリカ合衆国大統領に就任。リベラル派のケネディは、まさに新しい世代の象徴として、国民の期待を一心に背負うこととなった。

スピーチの名手だったケネディが１９６１年、大統領就任演説で次のように激を飛ばしたことは、あまりにも有名だ。

「わがアメリカ国民諸君、国家が諸君のために何をしてくれるかを問うな。諸君が国家のために何をなし得るかを問いたまえ」

だが、この言葉よりもよりスケールが大きいのが、この名言である。

このロジックでいけば、あらゆる人間の問題は、我々の手で解決し得ることになる。勇気が湧いてくる言葉。

第3章 人をつかむ言葉

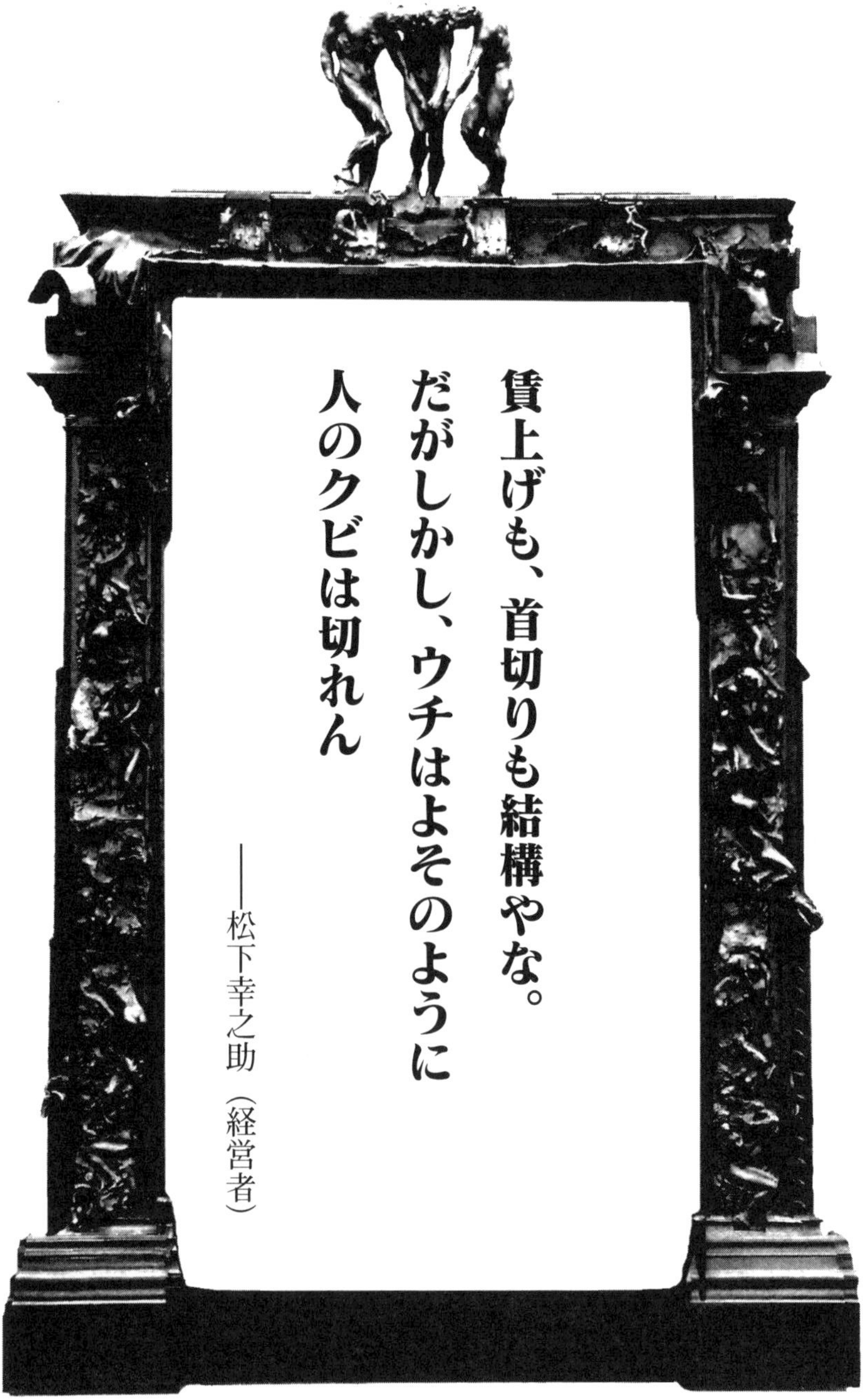

賃上げも、首切りも結構やな。
だがしかし、ウチはよそのように
人のクビは切れん

——松下幸之助（経営者）

松下幸之助は、松下電器産業株式会社の創業者。

開発したアタッチメントプラグ、電池式自転車用ランプなどが評判を呼び、ナショナルやパナソニックを立ち上げた。

昭和4年、アメリカの株式市場暴落に伴う世界大恐慌が日本にも波及すると、好調だった松下製品も売り上げが半減。他の企業がどこもリストラに走るなか、松下が言った言葉がこれである。さらに具体的に、こう指示した。

「首切りはない。生産は半分、勤務も半日。給与は全額払う。しかし、休日返上で在庫を売るんや。ここは凌ぐしかない」

その結果、倉庫にあふれ出ていた在庫はたった2カ月で完売。解雇されないと知った従業員たちが一丸となり、休日を返上して売り歩いたからだ。

1人もリストラすることなく、未曾有の大恐慌を乗り越えた松下。「経営の神様」と呼ばれ、今でもなお崇められているゆえんである。

リベラルのアメリカも保守のアメリカもなく、
ただ〝アメリカ合衆国〟があるだけだ。
黒人のアメリカも白人のアメリカも
ラテン人のアメリカもアジア人のアメリカも
なく、ただ、〝アメリカ合衆国〟があるだけだ

――バラク・オバマ（政治家）

アフリカ系アメリカ人で初めてのアメリカ大統領となったバラク・オバマ。

予備選で争ったヒラリー夫人には、知名度、資金面ともに劣っており、苦戦が予想されていた。それでもオバマが多くの国民の支持を得られたのは、スピーチの巧みさにあったと言われている。

難解な専門用語に頼らず、短いセンテンスを心地よい声のトーンで訴えかける。その話しぶりは、「クラシック演奏」に例えられるほど、聴衆の心を酔わせるものだった。

なかでも２００４年７月27日の民主党全国党大会基調演説は、約５０００人の民主党員に大きな感動をもたらし、語り草になっている。聴衆のなかには、涙を流す者までいたという。この名言も、そのときに生まれたものである。

思想、人種の違いを超えた、ただの「アメリカ合衆国」を――。

２００９年には、ノーベル平和賞を受賞したオバマ。そして、２０１６年に被爆地の広島へ。アメリカの現職大統領が広島を訪問したのは、初めてのことである。

生きべくんば民衆とともに、
死すべくんば民衆のために

——布施《ふせ》辰治《たつじ》（弁護士）

布施辰治は、大正末から昭和期にかけて活躍した人権派弁護士。農民や労働者、朝鮮人、小作人など弱者の弁護活動を行ったことから「社会主義弁護士」と呼ばれた。共産党弾圧に立ち向かった三・一五事件では、懲戒裁判にかけられ弁護士資格を剥奪されたこともある。

戦後は三鷹・松川事件、メーデー事件の弁護などを精力的に行った。

布施の座右の銘がこの言葉。この言葉通り、73歳で他界するまで、一貫して虐げられた人たちのために戦い続けた。

いま籠城している者たちは、
来世まで友になる

——天草四郎（指導者）

江戸時代初期、幕府による執拗なキリシタン弾圧と過酷な年貢の取り立てが行われるなか、寛永14年（1637年）10月、島原で農民が蜂起した。天草でも一揆《いっき》が起こり島原勢と合流。「自由と平等」を求めて、12万人の幕府軍に対して3万7000人の農民が立ち上がった。

この「島原の乱」の中心的人物になったのが、わずか16歳の天草四郎である。島原城に90日間篭城したときに、四郎が仲間に言った言葉がこれ。

四郎は十字架を掲げ、農民たちを鼓舞したが、1638年2月、島原城は落城し反乱軍はほぼ全滅。四郎も自害したと伝えられているが、素性が明らかでないため、その最期は現在でも謎に包まれている。

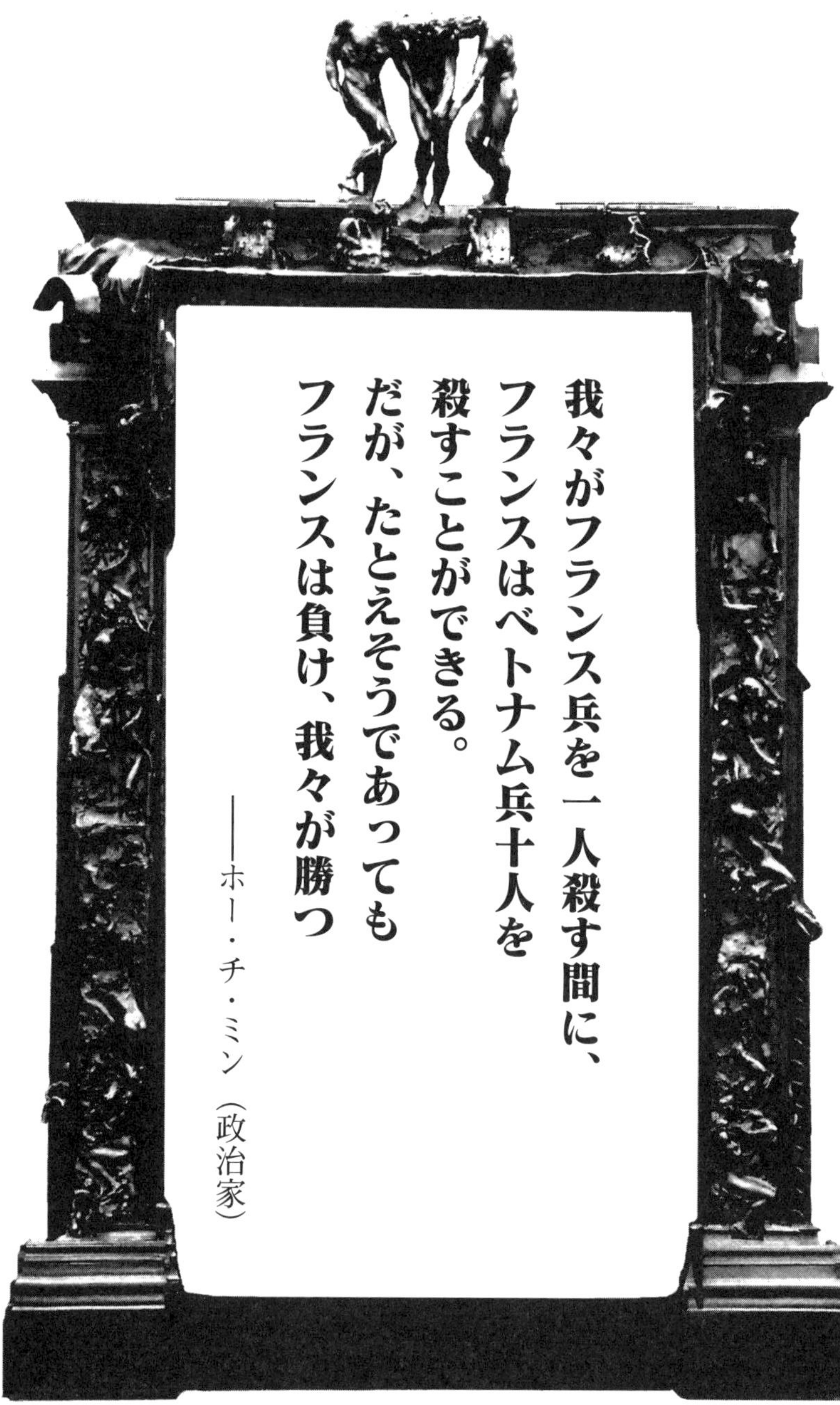

我々がフランス兵を一人殺す間に、
フランスはベトナム兵十人を
殺すことができる。
だが、たとえそうであっても
フランスは負け、我々が勝つ

――ホー・チ・ミン（政治家）

１９４1年、ベトナム独立同盟（ベトミン）を組織したホー・チ・ミンは、第二次大戦では抗日解放戦を指導。１９４５年8月15日に日本軍の敗戦が決まると、ホーは総蜂起の指令を発し、八月革命によってベトナム民主共和国を建国した。初代大統領はもちろんホーである。

だが、戦後においても、ベトナム民主共和国を政府と認めないフランスや、政権に介入するアメリカなどと戦争は続いた。

言葉は、フランスとの第一次インドシナ戦争でホーが宣言したものである。戦力で劣っていても必ず勝利するという強い意思をうかがい知ることができる。

インドシナ戦争・ベトナム戦争を戦い抜き、社会主義建設と祖国統一を成し遂げたホー・チ・ミン。その名前は「光をもたらす者」を意味している。

リチャード・ニクソンによってベトナム戦争が終結へと動き出すと、ホーは心臓発作によって79歳の生涯を閉じた。

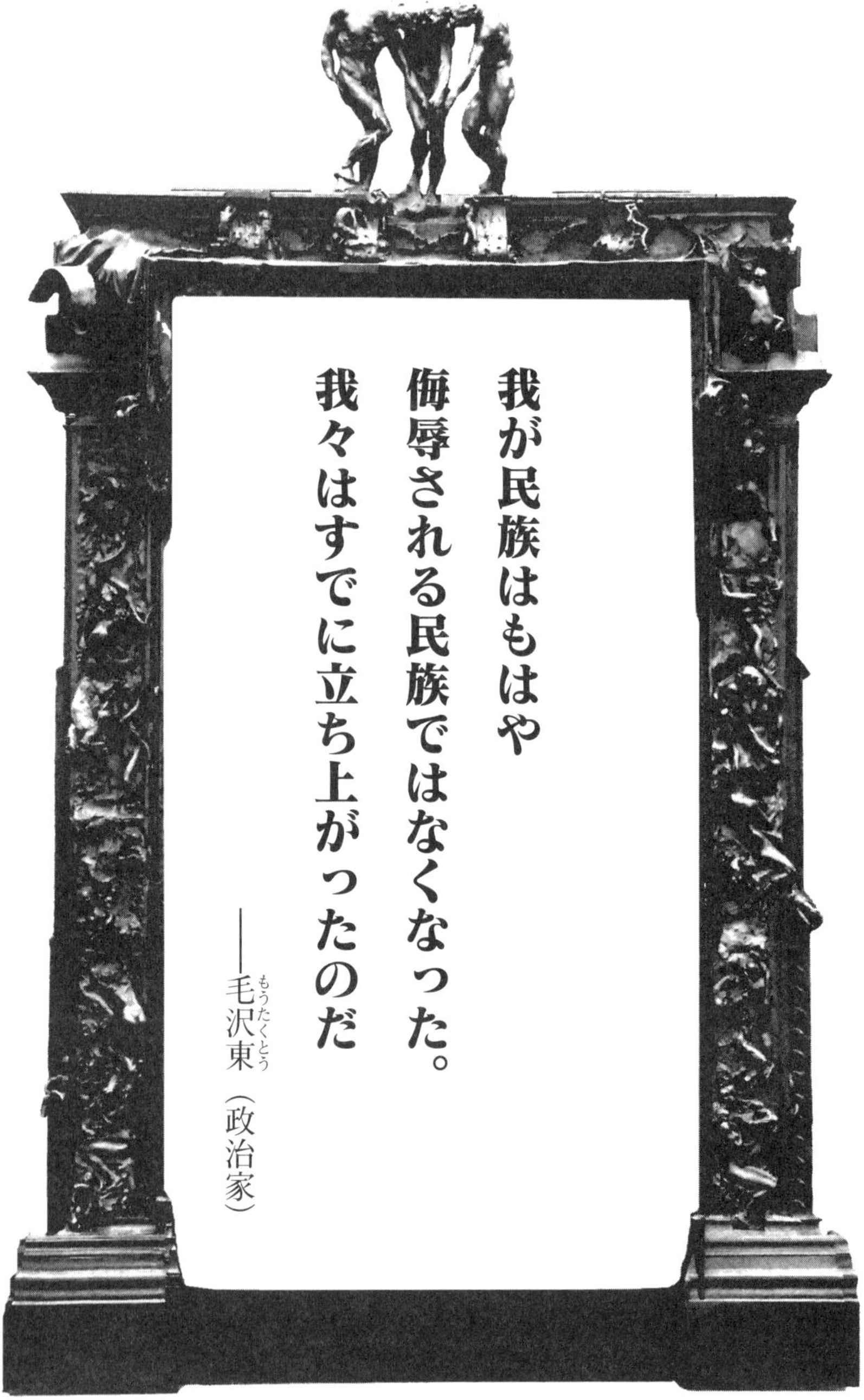

我が民族はもはや
侮辱される民族ではなくなった。
我々はすでに立ち上がったのだ

——毛沢東《もうたくとう》（政治家）

毛沢東は中華人民共和国の初代主席。

農家の家に生まれた毛は、18歳の時に辛亥《しんがい》革命に参加して以来、革命家としての道を歩み始めた。

日中戦争が勃発すると第二次国共合作による統一戦線が結成され、抗日戦を指導した毛は党内で不動の地位を築いた。蔣介石《しょうかいせき》が率いる国民党軍を破って１９４９年、中華人民共和国が誕生。毛は国家主席・党中央委員会主席に就任し、死ぬまで絶大な影響力を持ち続けた。

中華人民共和国成立の宣言からの言葉がこれだ。

「我が民族は今から平和と自由を愛する世界諸民族の大家庭の一員となり、勇敢かつ勤勉に、自らの文明と幸福を創造するとともに、世界の平和と自由を促進するために働くだろう」の後にこの言葉が続けられた。

共産主義の理想社会を夢見た毛は「大躍進」などの無謀な農業・工業政策を行い、飢餓者を出し、さらに文化大革命によって、多くの文化人・政治家・軍人を粛正した。

毛の改革によって命を落とした国民は、７０００万人にも上ると言われている。

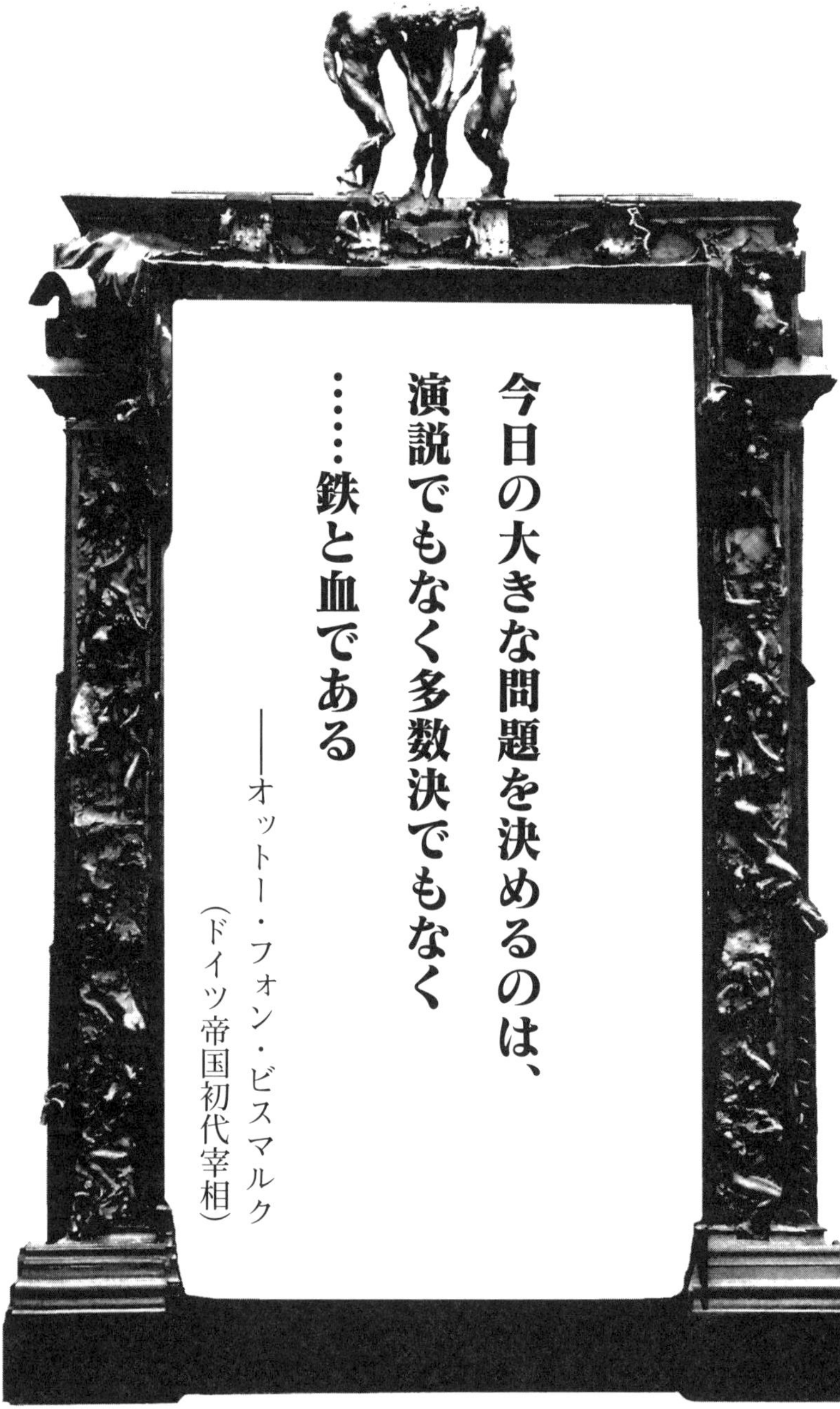

今日の大きな問題を決めるのは、
演説でもなく多数決でもなく
……鉄と血である

——オットー・フォン・ビスマルク
（ドイツ帝国初代宰相）

38の小国や侯国に分かれていたドイツを統一させた政治家。

ビスマルクは外交官経験を経て、国王ヴィルヘルム１世によって首相に任命されると、議会の意見を無視して、軍備拡張を断行した。

独断への批判のなか、ビスマルクが行った名演説に、この言葉はある。

軍備が拡張されたプロイセンは、普墺《ふおう》・普仏《ふふつ》両戦争において勝利。「鉄血宰相」はその卓越した政治的手腕で、ヨーロッパ外交の主導権を握った。

１８７１年、ドイツ統一。その立役者のビスマルクはドイツ帝国初代宰相の座に座り、ヨーロッパ最大の帝国を築き上げた。

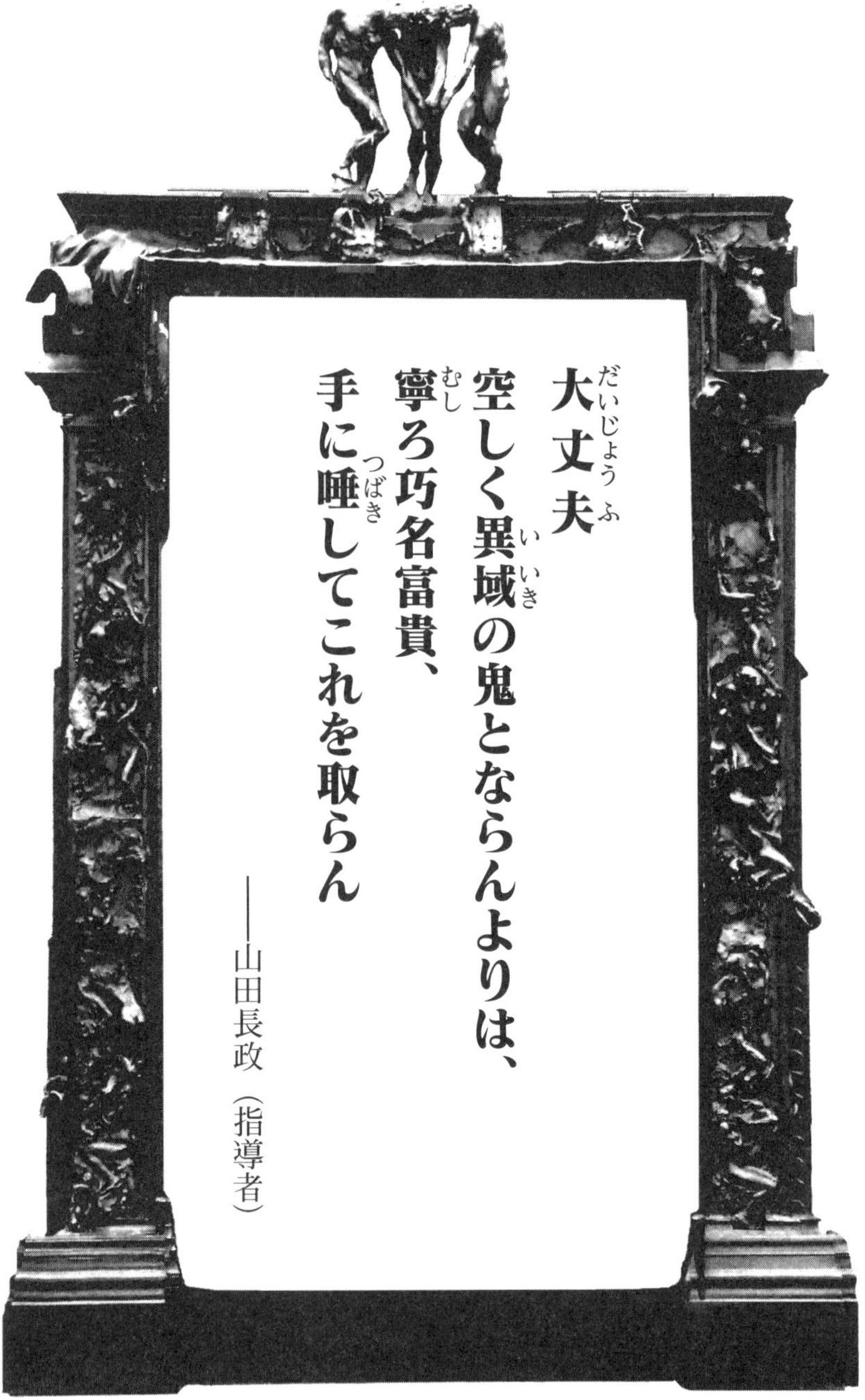

大丈夫《だいじょうふ》
空しく異域《いいき》の鬼とならんよりは、
寧《むし》ろ巧名富貴、
手に唾《つばき》してこれを取らん

——山田長政（指導者）

山田長政は駿河に生まれ、駕籠《かご》かきをしていたが、1612年ごろに朱印船に乗ってシャム（現在のタイ）に渡り、国都アユタヤ郊外の日本人町の長となった。

傭兵としてシャム国王の弟によるクーデターを食い止めるなど、在住日本人のリーダーとして存在感を示した長政。シャム南方で反乱が勃発した時も、国王からの要請があった。日本人町で義勇軍を募ったときの長政の言葉がこれである。

意味は「男たるもの、ただ異国に骨を埋めるだけでなく、むしろ頑張って功名や富貴を手に入れたい」というもので、「今や時機来れり。志あるもの共に進まずして可ならんや」と後に続けた。

そんな長政の激に応えて集まった志願者は500人。さらにシャム兵2500人にも日本の武装をさせたうえで、「日本より1万の援軍が到着」という嘘の情報を流して、敵軍を圧倒。

見事な勝利を収めることとなった。

史料が少なく謎が多い山田長政。タイ日本人町の風雲児は、やがて王女を妃に迎えて、国政の軍政を任されるほどの地位に上り詰めたと伝えられている。

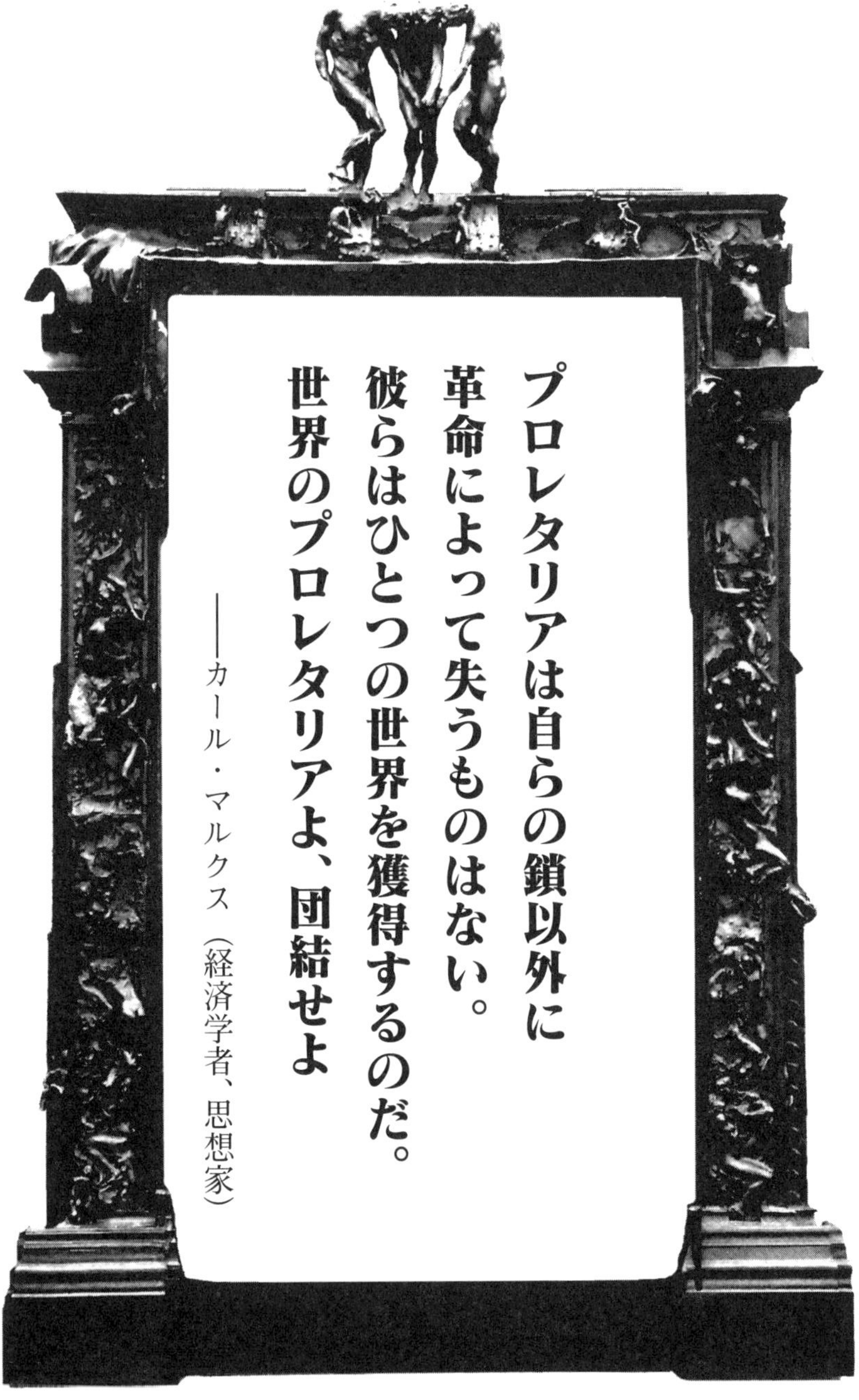

プロレタリアは自らの鎖以外に
革命によって失うものはない。
彼らはひとつの世界を獲得するのだ。
世界のプロレタリアよ、団結せよ

——カール・マルクス（経済学者、思想家）

カール・マルクスはドイツの経済学者、哲学者、思想家。

ボン大学を経て、ベルリン大学に入学。イエナ大学に論文を提出して哲学博士となった。『ライン新聞』の編集者となるが、弾圧により失職してパリへ。生涯の同志となるエンゲルスと出会う。

共産主義者同盟に加わり、１８４８年の二月革命直前に、エンゲルスとともに執筆した綱領『共産党宣言』を発表。共産主義の理論と戦術を示して、後世の労働運動の指針となった。

宣言は「これまでのすべての社会の歴史は、階級闘争の歴史である」から始まり、この奮い立つフレーズで締めくくられた。

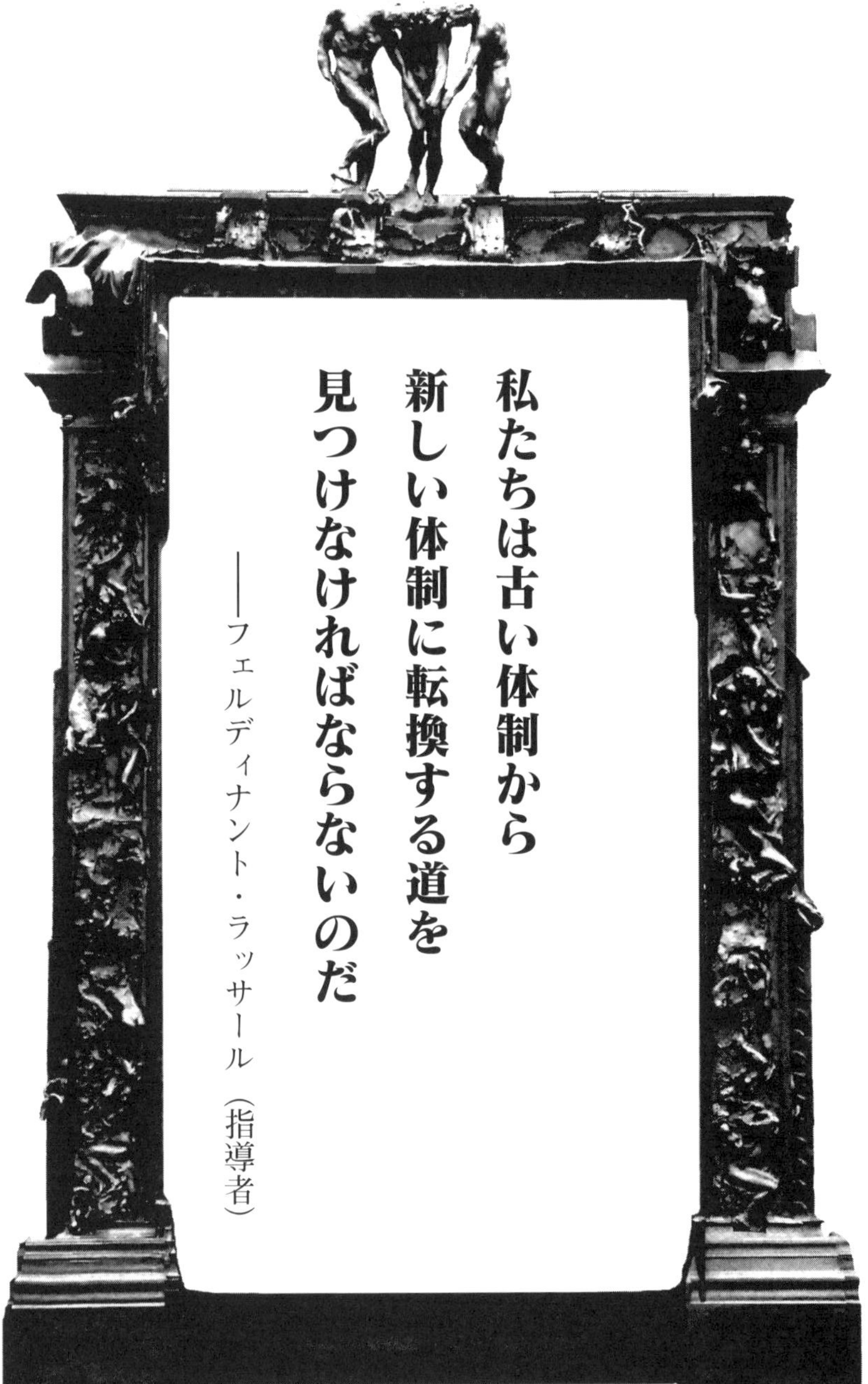

私たちは古い体制から
新しい体制に転換する道を
見つけなければならないのだ

——フェルディナント・ラッサール（指導者）

フェルディナント・ラッサールは19世紀ドイツの社会主義者。

ヘーゲル学派左派として活動を始めたラッサールは、『労働者綱領《こうりょう》』で資本主義国家を批判して「夜警国家論」を唱えたことで知られている。マルクスとは異なり、国家に対して融和的な立場で、労働者の環境向上を目指した。

ラッサールの著作『既得権体制について』は社会変革の必要性を法哲学の立場から裏付けたもので、学会で大きな反響を呼んだ。

言葉はその本のなかで「現在の支配体制が命じている既得権というのは、決して老朽化することはないのか？」と自問し、答えたものである。

１８６３年、ラッサールは全ドイツ労働者協会を創設。政治家としての活躍が期待されたが、その翌年に女性をめぐった決闘で受けた傷が原因で死亡する。

39歳、志半ばでこの世を去った。

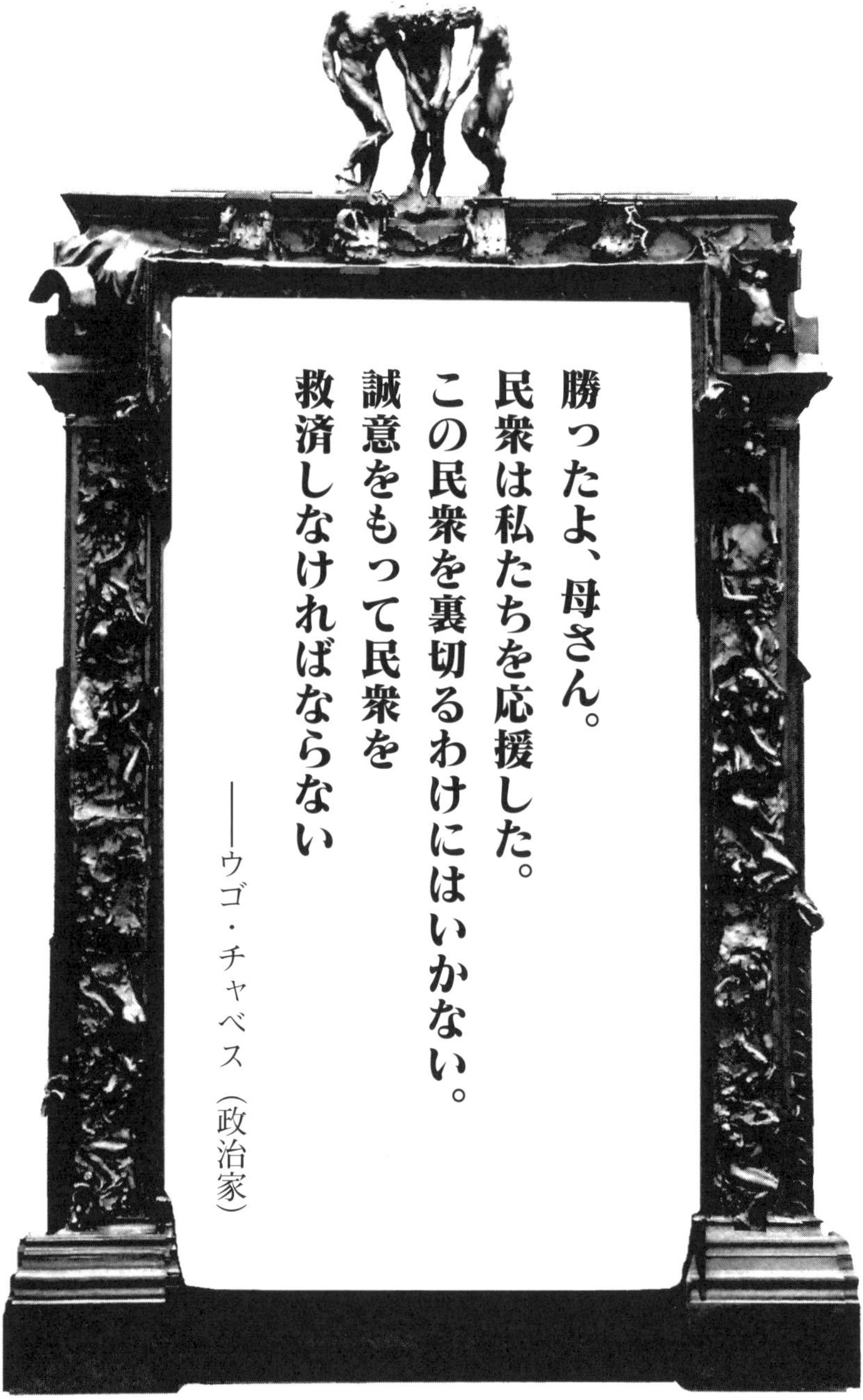

勝ったよ、母さん。
民衆は私たちを応援した。
この民衆を裏切るわけにはいかない。
誠意をもって民衆を
救済しなければならない

――ウゴ・チャベス（政治家）

チャベスは南米ベネズエラの第53代大統領。

元陸軍中佐だったチャベスは１９９２年にクーデターを試みたが失敗。釈放後は合法的な政治活動によって社会を変革することを決意して１９９８年の選挙に出馬した。１９９０年代に中南米で採用された新自由経済主義による格差を訴え、富の公平な分配を掲げることで、これまで政治に無縁であった貧困層を中心に支持を受けた。

その結果、チャベスは有効投票の56・24％を獲得して当選。政府への反逆者が最高権力者の座に就くこととなった。

勝利演説では「ベネズエラは生まれ変わろうとしている」「私の政府は国民の政府になるだろう」と高らかに宣言して、喜びに沸く民衆達をさらに酔わした。

母に対面してチャベスが言った言葉がこれだ。

「21世紀の社会主義」をスローガンに、反米路線を貫いたチャベス。58歳で病死するまで、自由市場経済と福祉国家の両立を目指して闘い続けた。

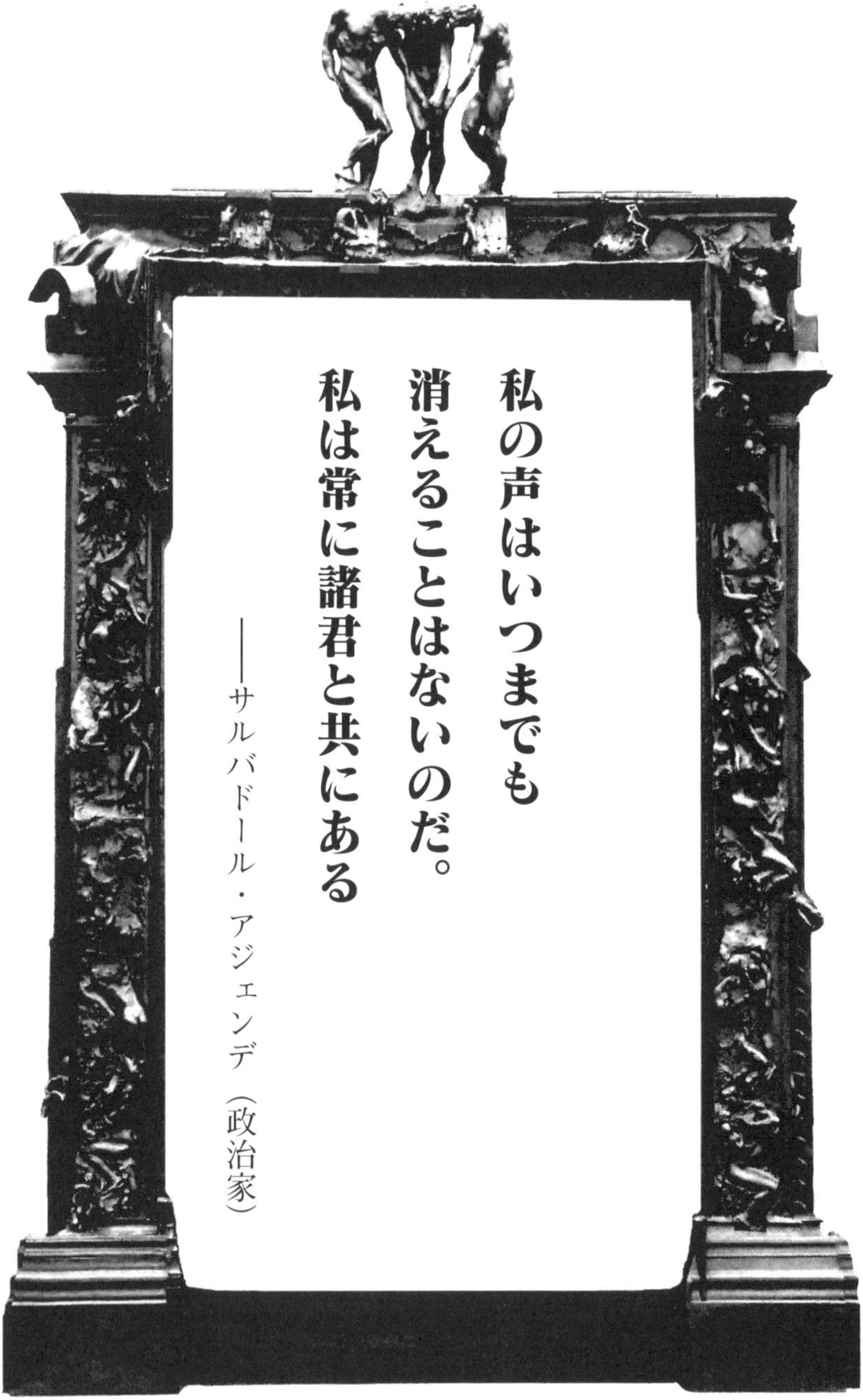

私の声はいつまでも
消えることはないのだ。
私は常に諸君と共にある

——サルバドール・アジェンデ（政治家）

サルバドール・アジェンデはチリの政治家。

チリ国立大学の医学部を卒業後、チリ社会党に参加。チリ人民戦線内閣の保健大臣として入閣した。その後、社会党と共産党の連合である「人民行動戦線」から1958年と1964年の大統領選に出馬するが、反共のアメリカCIAによる妨害もあり落選。

それでも労働者の間で支持は広がり、1970年の大統領選で、ようやく勝利を飾った。これはチリ史上、初めて自由選挙によって樹立された社会主義政権だった。

だが、1973年、アウグスト・ピノチェトによりクーデターが勃発。反乱軍によって、次々と放送局が爆破されるなか、国民への最後の演説放送でアジェンデ大統領が残した言葉がこれだ。

クーデターによってアジェンデが死亡した後、チリでは、ピノチェト独裁政権によって10万人以上の国民が虐殺されることになる。

われわれは自由に生きることを選択する

——ルドルフ・ジュリアーニ（元ニューヨーク市長）

第３章　人をつかむ言葉◆13

ルドルフ・ジュリアーニはアメリカの政治家で、元ニューヨーク市長。弁護士、検事を経て、１９９３年のニューヨーク市長選に当選すると、軽微な犯罪の取り締まりが凶悪犯罪を抑止するという「割れ窓の理論」を応用して、治安対策を強化。ニューヨークの犯罪率を激減させた。

市長在任中に遭遇した９・11テロ時には、ジョージ・W・ブッシュ大統領と共にテロと戦う事を宣言。テロ再発防止でリーダーシップを発揮し、「世界の市長」と国内外から支持を集めた。

世界一有名な市長による言葉。ニューヨーク市民が自由で安心な生活をするためには、抜本的な治安対策が不可欠だった。

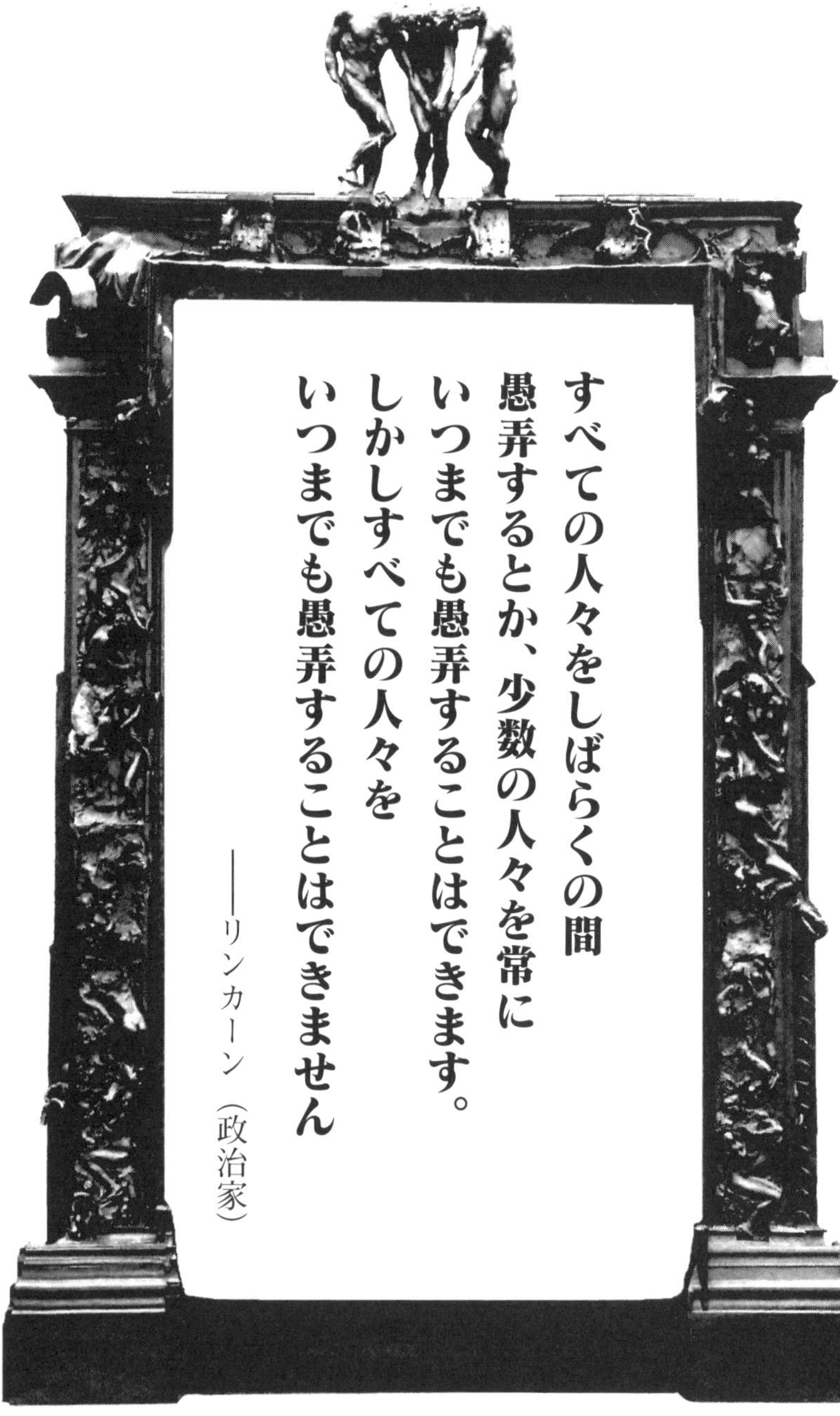

すべての人々をしばらくの間
愚弄するとか、少数の人々を常に
いつまでも愚弄することはできます。
しかしすべての人々を
いつまでも愚弄することはできません

——リンカーン（政治家）

エイブラハム・リンカーンは、第16代アメリカ合衆国大統領で、初の共和党所属大統領。ケンタッキー州の貧しい農家の丸太小屋で生まれたリンカーンは、25歳でイリノイ州議員に当選したものの、任官運動にことごとく失敗。約10年もの間、政治から離れたこともあったが、大統領までのし上がったことから「アメリカンドリームの象徴」とも呼ばれた。

リンカーンの名演説と言えば、ゲティスバーグ演説の「人民の人民による人民のための政治（government of the people, by the people, for the people）が有名だが、こんな名言も残している。

奴隷解放宣言を発令して「奴隷解放の父」と呼ばれたリンカーン。現在でもなお、国民的人気が高く、第44代大統領を務めたオバマは、リンカーン神話にあやかろうと、就任宣誓ではリンカーンと同じ聖書を用いて話題になった。

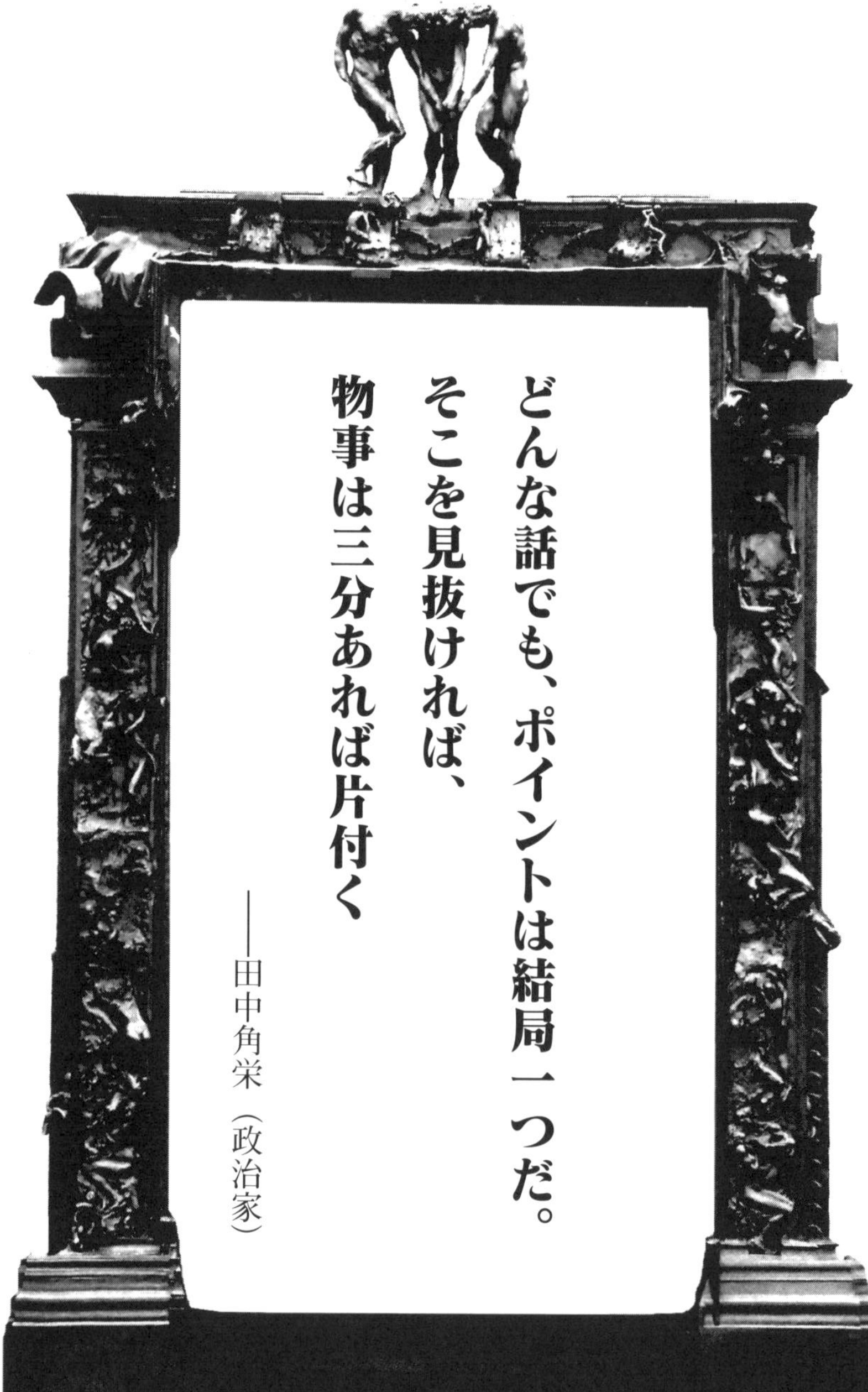

どんな話でも、ポイントは結局一つだ。
そこを見抜ければ、
物事は三分あれば片付く

——田中角栄（政治家）

田中角栄は、第64、第65代内閣総理大臣。

若干54歳で首相の座に就任すると、農村出身の低い学歴だった角栄は、「今太閤」や「庶民宰相」ともてはやされた。

角栄の言葉はとにかくわかりやすく、どんな立場の老若男女にとっても、筋道の通った話をした。そして角栄は来客が政治家だろうが、財界人だろうが、よほどのことがない限り3分以内に「イエス」「ノー」の結論を出し、話を終わらせた。

秘書に「もう少し、じっくり話を聞いてやればいいじゃないですか」と言われて、答えた角栄の言葉がこれだ。

毎朝1時間あまりの陳情には２００人～４００人の個人・団体が目白の田中邸に押し寄せたが、角栄はそれを次々にさばいていったという。

スピードを重視した角栄は、「決断と実行」をスローガンに、日中国交回復、日本列島改造などで強烈な存在感を示した。

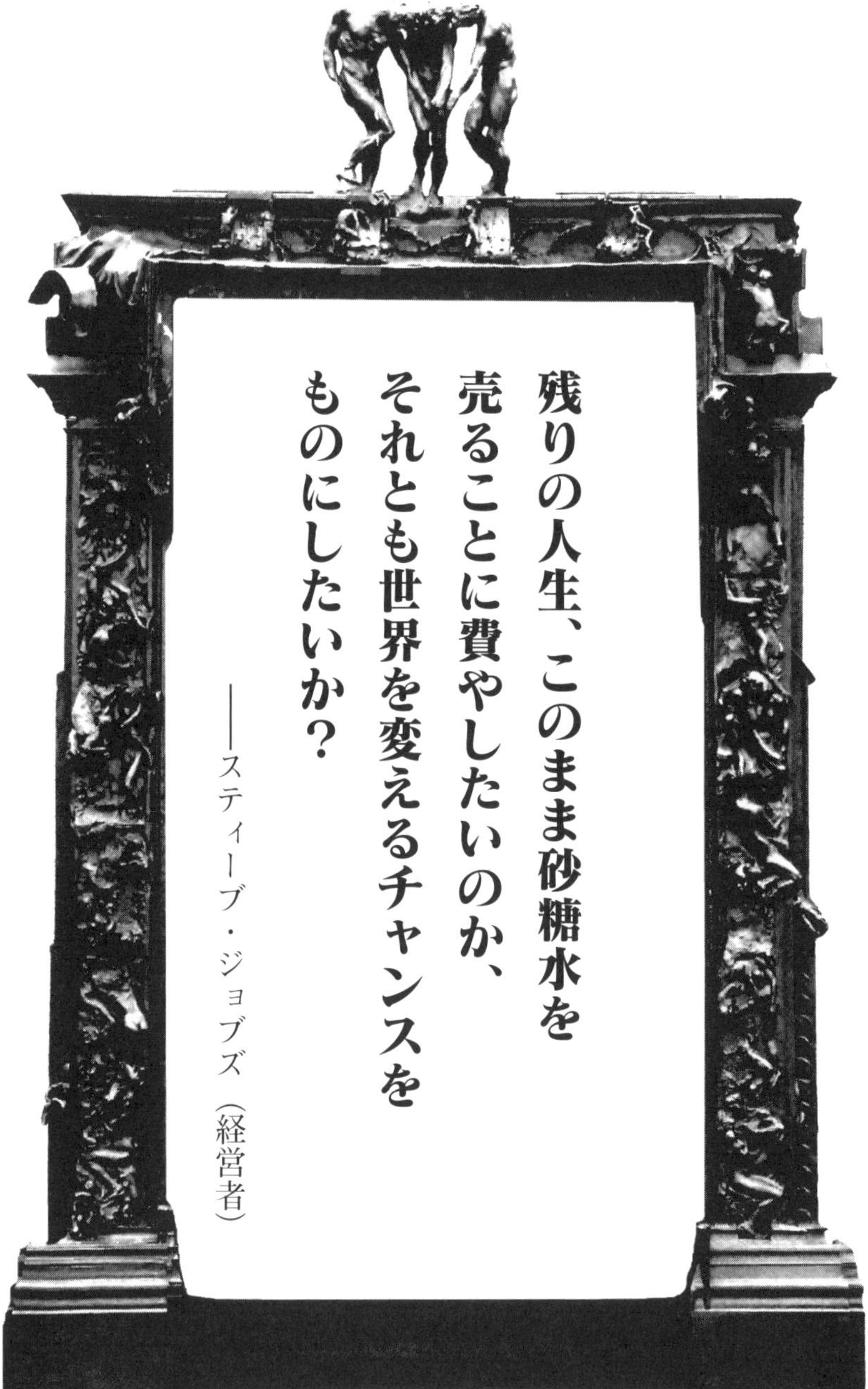

残りの人生、このまま砂糖水を売ることに費やしたいのか、それとも世界を変えるチャンスをものにしたいか？

——スティーブ・ジョブズ（経営者）

アップルの共同設立者の1人で、のちにCEOを務めたスティーブ・ジョブズ。世界で最初に本格的なパソコン、マッキントッシュを世に送り出しただけではなく、大ヒット商品iPodで音楽産業に革命を巻き起こした。さらに、iPhoneで通信産業のみならず、世界中の人々のライフスタイルを一変させるなど、カリスマ経営者として、多くの伝説を残す。

ジョブズは一流の人材と仕事をすることにこだわり続けた。アップル社が創業したばかりでまだ無名のころから、インテルでマーケティングを行っていたマイク・マークラを口説き落としてリンゴのロゴマークを作成させたり、工業デザイナーのジェリー・マノックの力を借りてスタイリッシュなデザインのパソコンケースを作らせたりした。

なかでも有名なのが、ここで取り上げたペプシコーラ社のジョン・スカリーへの口説き文句である。

見事、アップル社の経営者としてヘッドハンティングに成功。だが後に、自身がスカウトしたスカリーによって、会社を追われることになる。

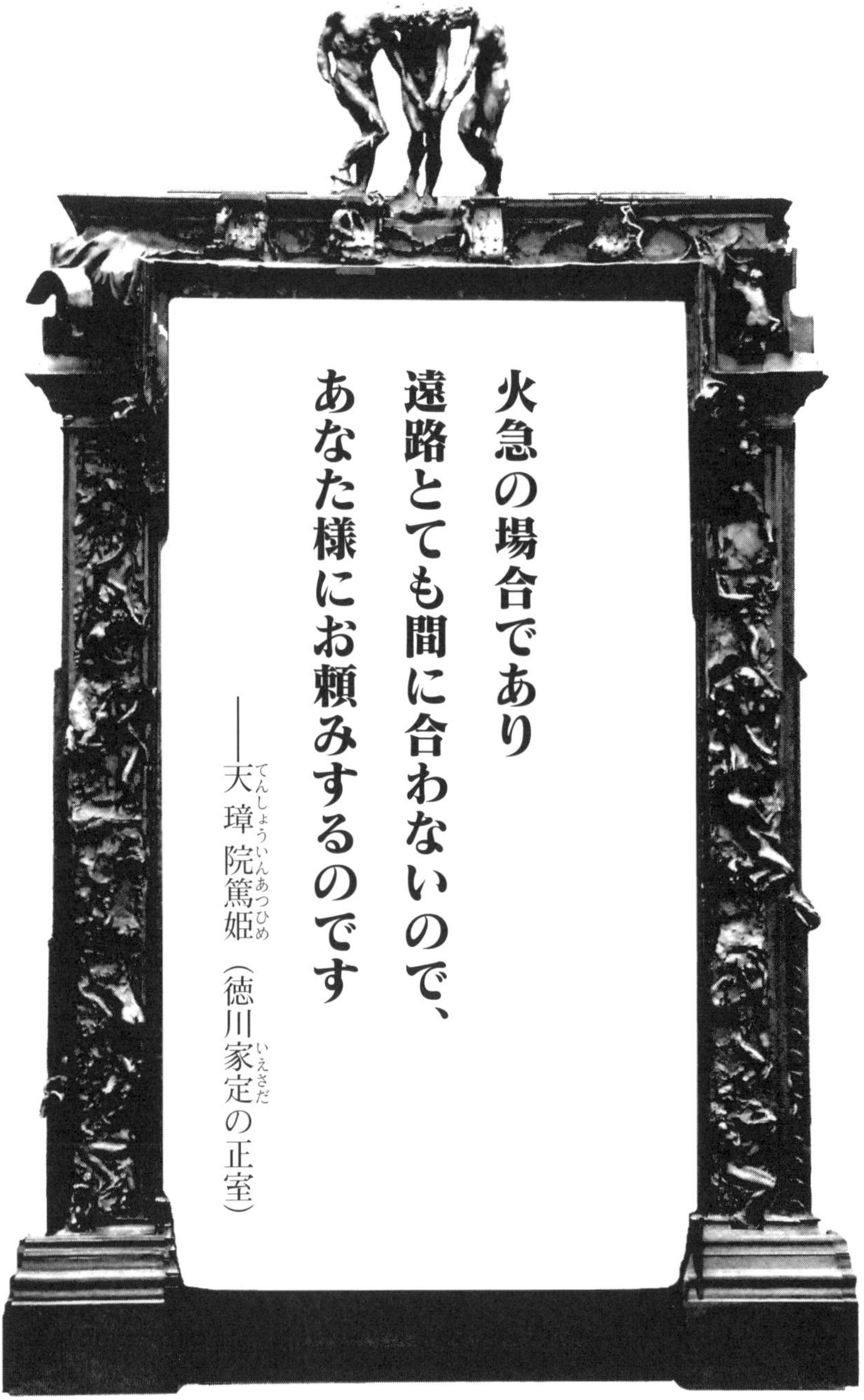

火急の場合であり
遠路とても間に合わないので、
あなた様にお頼みするのです

——天《てん》璋《しょう》院《いん》篤姫《あつひめ》（徳川家定《いえさだ》の正室）

天璋院篤姫は、江戸幕府13代将軍・徳川家定の正室。

薩摩の島津家の分家に生まれた篤姫は、島津斉彬《しまづなりあきら》の養女、さらに近衛忠煕《このえただひろ》の養女として、徳川家に嫁いだ。

家定が若くして病死した後は天障院と名乗り、大奥を取り仕切った篤姫。

江戸城に総攻撃を仕掛ける西郷隆盛に嘆願書を出し、徳川家存続を訴えた言葉がこれだ。

原文では「火急之場合、遠路間二合不申候まゝ、其御方へ御頼申入候」となる。このあとに「よろしくおくみ取り承知くださいますよう、何分にも厚くお頼み申します」と続けた。

江戸城無血開城のきっかけを作った「幕末の才女」。明治維新後も鹿児島に戻ることなく、徳川家に居続けた。

脳溢血《のういっけつ》で49歳の若さで死去。葬儀には1万人もの人々が沿道に集まったという。

わかりやすい表現を恥じる必要はない

——大《おお》宅《や》壮一《そういち》（ジャーナリスト）

戦後の日本を代表するジャーナリストであり、評論家。「一億総白痴化」「駅弁大学」といった、ユニークな造語を生み出し、自らを「無思想人」とも称した。

オリジナリティー溢れる個性的な表現を通し、人々の記憶に残る多くの名文を残した大宅だが、読んでいる途中で、辞書を引かなければならないような文章は、嫌いだった。「難しい文章を書くのは概して頭の悪い人に多い。頭のよい人は物事をそしゃくして、わかりやすく書くものである」

社会の風潮、日本の有り様を斬新な視点で見つめ続けた大宅。

インパクト狙いではなく、常に「わかりやすさ」にこだわったからこそ、大衆の心を掴み、マスコミ界の革命家として、その名を歴史に刻むこととなった。

第4章
本質を見抜く言葉

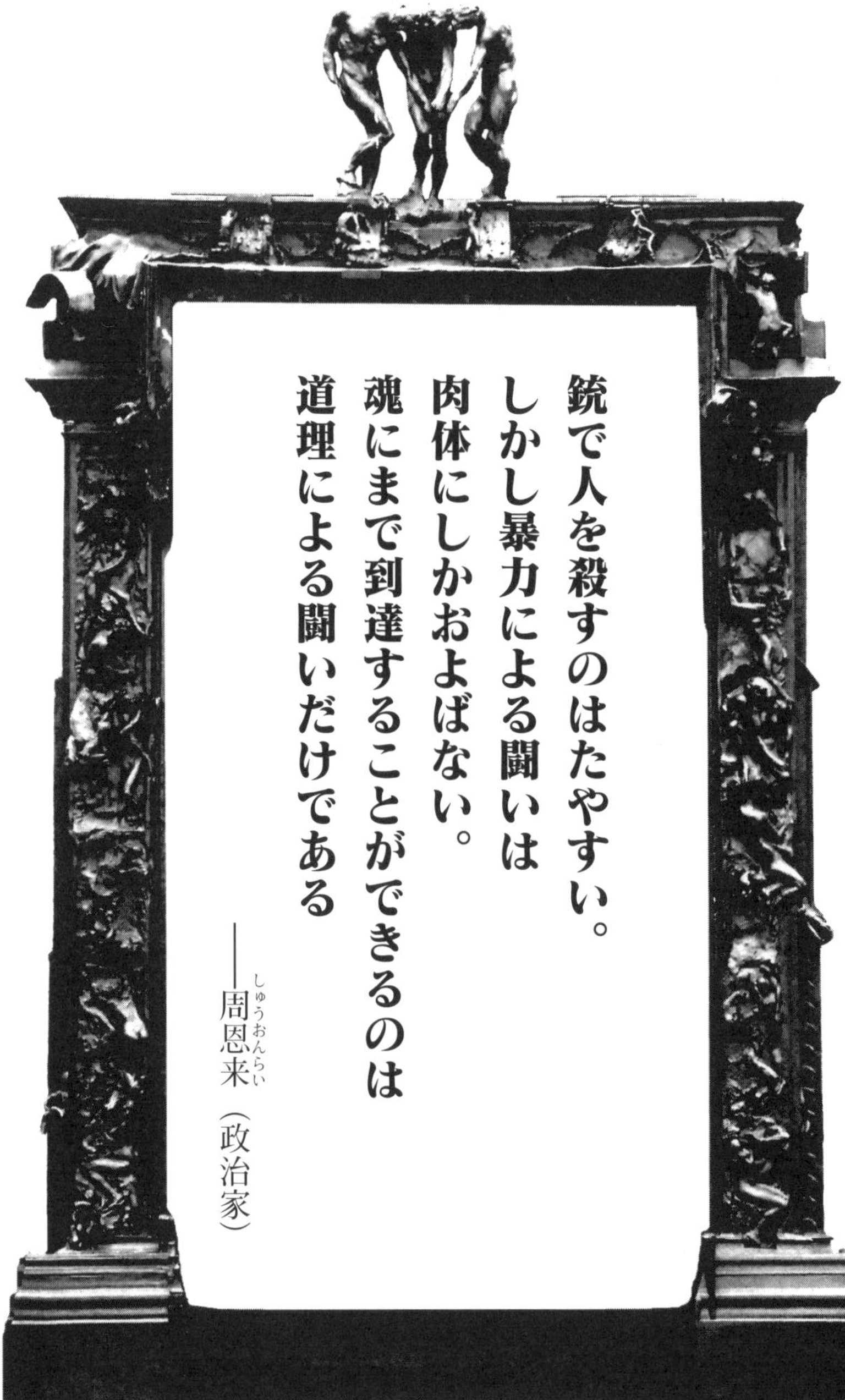

銃で人を殺すのはたやすい。
しかし暴力による闘いは
肉体にしかおよばない。
魂にまで到達することができるのは
道理による闘いだけである

——周恩来《しゅうおんらい》（政治家）

周恩来は、中華人民共和国の政治家。

パリ留学時代、共産主義に目覚め、中国共産党に参加した。

１９４９年、中華人民共和国が建国されると、国務院総理（首相）、そして外交部長（外相）を兼任。国家主席の毛沢東を支え続け、毛の死後も実質的な権力を掌握し続けた。

周は文化大革命においても失脚しなかったことから、「不倒翁」と称された。

厳烈な権力闘争を制した周恩来の「戦い」についての言葉。暴力のみによる革命は長くは続かない。

愛は敵を友人に変えることのできる
唯一の力だ

——キング牧師（活動家）

1964年7月2日。キング牧師による公民権運動が実り、人種差別撤廃を規定した「公民権法（The Civil Rights Act）」が制定された。

同年にキング牧師はノーベル平和賞を受賞。建国以来200年近くもの間、アメリカで施行されてきた法の上における人種差別に終止符が打たれることになった。

この言葉には、暴動ではなくあくまでも非暴力によって、差別と立ち向かったキング牧師の生き様が凝縮されている。

キング牧師の誕生日に近い1月第3月曜日は、氏の偉業を称えるため、アメリカでは祝日とされている。

知って行わざるは知らざるに同じ

――貝原益軒《かいばらえきけん》（儒学者）

貝原益軒は、江戸時代前期から中期にかけての儒学者、博物学者。

儒学、神道、本草学《ほんぞうがく》（漢方薬学）、医学、地理、歴史など執筆分野は多岐にわたり、その著作は百数十冊にも上る。なかでも『養生訓《ようじょうくん》』は現在でも読み継がれている。

『養生訓』は益軒とその妻が実践した健康法で、「あれこれ食べてみたいという食欲」「色欲」「むやみに眠りたがる欲」「徒に喋りたがる欲」の4つの欲望を抑制すれば、長寿を全うできると説いた。

自らの理論を証明するかのように、益軒は83歳にして一本の虫歯もなく、妻とともに健康に過ごしながら、84歳まで生きた。

知識の実践を重視した益軒らしい言葉。

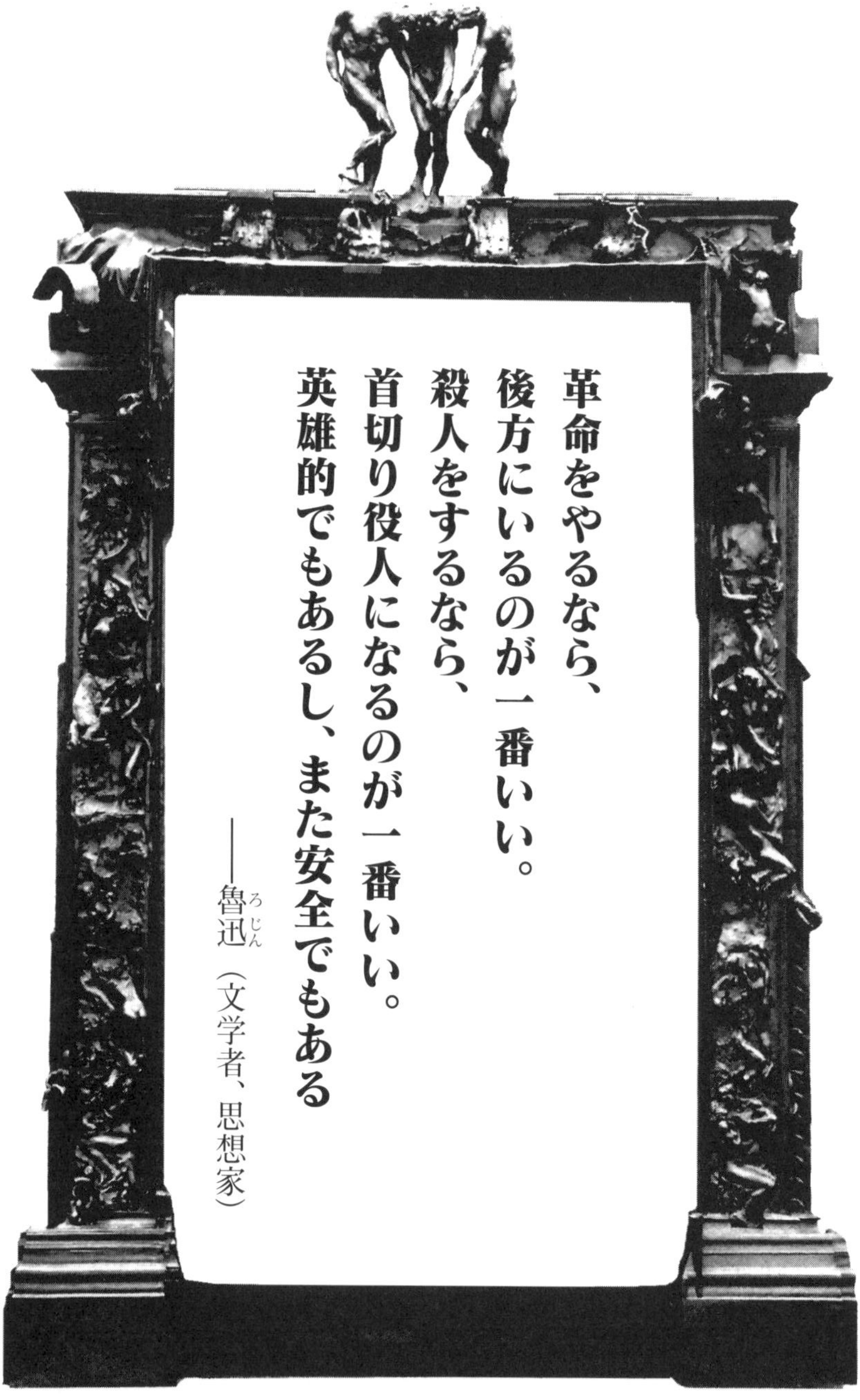

革命をやるなら、
後方にいるのが一番いい。
殺人をするなら、
首切り役人になるのが一番いい。
英雄的でもあるし、また安全でもある

——魯迅《ろじん》（文学者、思想家）

魯迅が医学の道から文学の道へと転じたのは、仙台医学専門学校（現東北大学医学部）での「スライド事件」がきっかけだった。

それはある授業で観た日露戦争関係のスライドで、中国人がロシア軍のスパイの嫌疑をかけられ、日本軍に処刑されていた。魯迅は処刑場面の残忍さよりも、その見せしめを見物する中国人の無表情さに衝撃を受ける。

「中国の馬鹿やろくでなしを医学で治療できるもんか」

中国左翼作家連盟の中心メンバーとして抗日救国に努めた魯迅。目立つ前線ではなく、全体を俯瞰《ふかん》できる場所から、革命は起こされると、確信を持っていた。

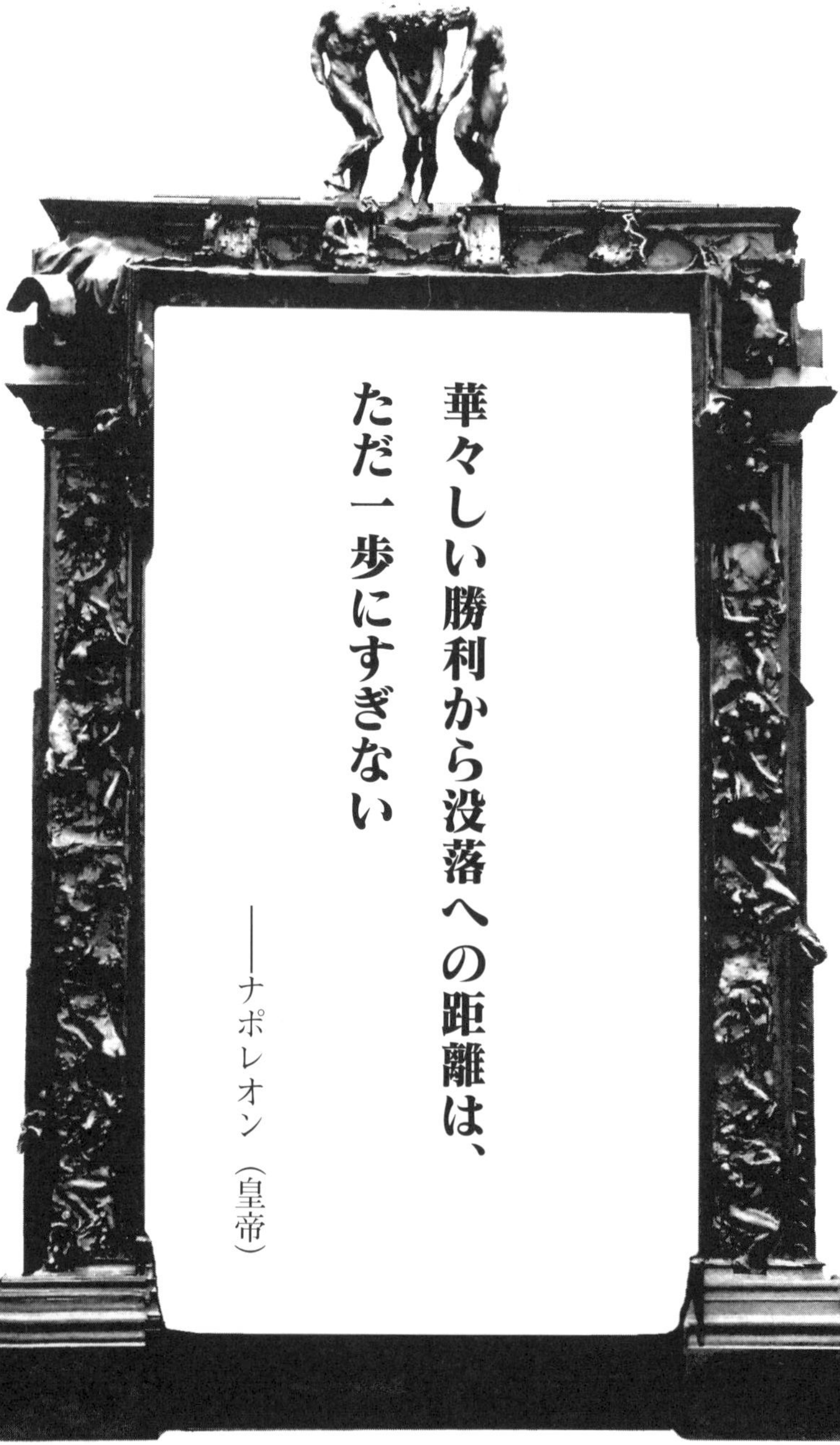

華々しい勝利から没落への距離は、
ただ一歩にすぎない

——ナポレオン（皇帝）

フランス革命で戦功を上げた英雄・ナポレオン。

コルシカ島の貧しい生まれから、国内軍司令官としてオーストリア軍に連勝するなどの活躍を見せると、その連戦連勝ぶりは「12カ月に1ダースの勝利」「6日間で6戦連勝」などと絶賛を受けた。

イギリスを除く全ヨーロッパをほぼ制圧。まさしく電光石火の行動力に、若き英雄の名は広く世界に伝えられることとなった。

革命家・ナポレオンの戦いの極意がこれだ。ピンチの後に、チャンスあり。そしてまたその逆もしかりなのだ。

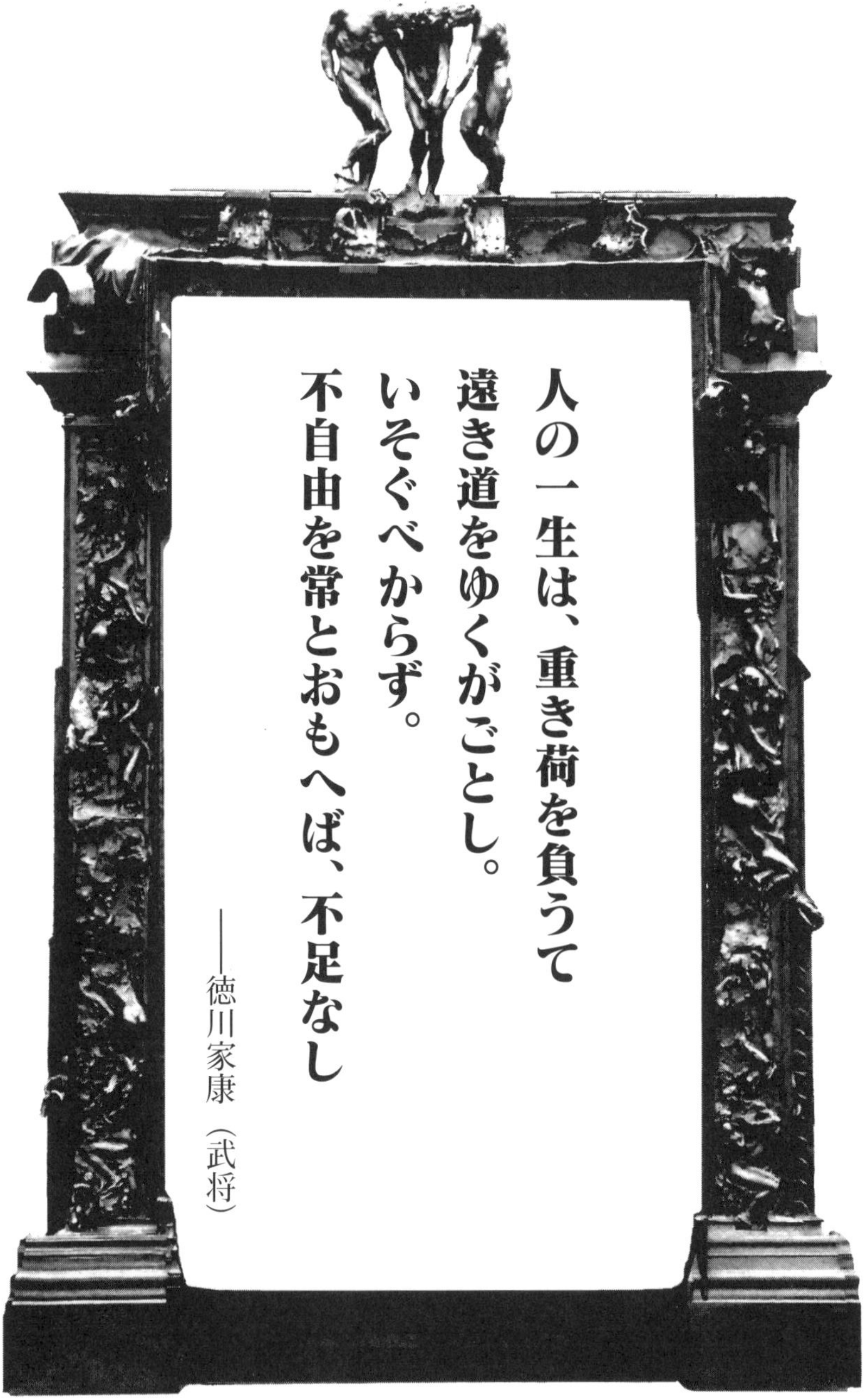

人の一生は、重き荷を負うて
遠き道をゆくがごとし。
いそぐべからず。
不自由を常とおもへば、不足なし

——徳川家康（武将）

江戸幕府の創設者で初代将軍。２６０年以上も泰平の時代をもたらした理想的なリーダーとして現在でも語られるが、その道のりは苦難の連続であった。

わずか3歳で母と別れ、6歳にして織田、今川へと人質に出された。また、信長に謀反の疑いをかけられたときは、自分の妻と実の娘を殺害するという、苦行までも実行している。

家康が子孫に残したと伝えられている遺訓は、次のようなものだ。

「人の一生は重荷を負て遠き道をゆくが如し　いそぐべからず　不自由を常とおもへば不足なし　こころに望おこらば困窮したる時を思い出すべし　堪忍は無事長久の基　いかりは敵とおもへ　勝事ばかり知てまくる事をしらざれば害其身にいたる　おのれを責て人をせむるな　及ばざるは過たるよりまされり」

いかりは敵と思え――。耐えがたきに耐え、時機を冷静に見極めた家康らしい言葉である。

歴史はくりかえす。
最初は悲劇だが、二番目は茶番だ

――カール・マルクス（経済学者、思想家）

『共産党宣言』を行った後、マルクスはケルンへ移住し、『新ライン新聞』の主筆となる。紙上で『賃労働と資本』を発表。パリを経てロンドンへと亡命し、資本主義が浸透し労働者階級が確立されていくなか、労働者の国際的組織「第一インターナショナル」の中心的指導者として活躍した。

そのロンドンの地でマルクスは『資本論』の完成を目指したが、１８６７年に第１巻を出版後、未完成のままエンゲルスに託された。

資本主義を定義したマルクス主義の創始者による言葉。

資本主義の限界が再び唱えられている今の時代を、マルクスは呆れながら眺めているかもしれない。

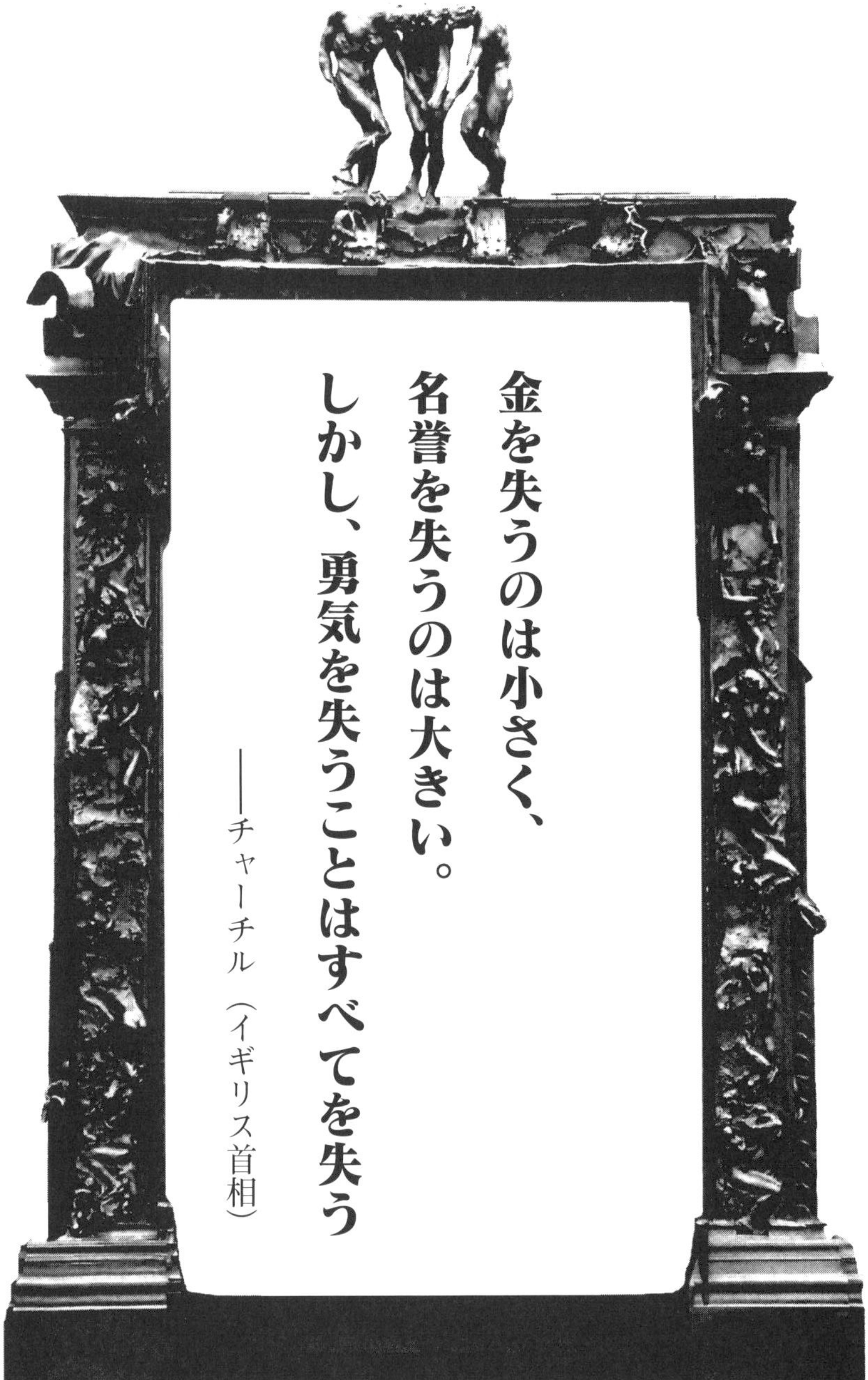

金を失うのは小さく、
名誉を失うのは大きい。
しかし、勇気を失うことはすべてを失う

――チャーチル（イギリス首相）

チャーチルは第二次大戦時、イギリスの首相として自国を勝利へ導いた政治家。ＢＢＣが行った「時代を超えた最も偉大なイギリス人」で第１位に選ばれるなど、イギリス国民から未だに支持されている。

ドイツのソ連侵攻後の下院演説では、「絶対に、絶対に、絶対にあきらめるな」という有名な言葉で国民を鼓舞させた。

大戦終了直前の選挙では敗北するが、名演説「鉄のカーテン」で冷戦を予見すると、５年後に再び首相の座に返り咲いた。

その活躍は政治の分野にとどまらなかった。執筆活動も精力的に行ったチャーチルは１９５３年、ノーベル文学賞を受賞している。

「不屈の宰相」と呼ばれた男の言葉。

生きることの本義は
簡素、自由、公共善にあり

――ルーホッラー・ホメイニー（指導者）

ルーホッラー・ホメイニーは、イランの宗教家・政治指導者。

国王による西欧的な近代化政策「白色革命」に対する抵抗運動を指導して逮捕されたが、その後も政府批判を続けた。１９６４年には国外追放処分を受けるが、フランスへ亡命。

ホメイニーは国外から国王への抵抗を訴え続けた。

ホメイニーはこの言葉によって、西洋から輸入した近代性よりも、イスラム的生活にこそ本来の価値があると民衆に気づかせ、熱狂的支持を受けることとなった。

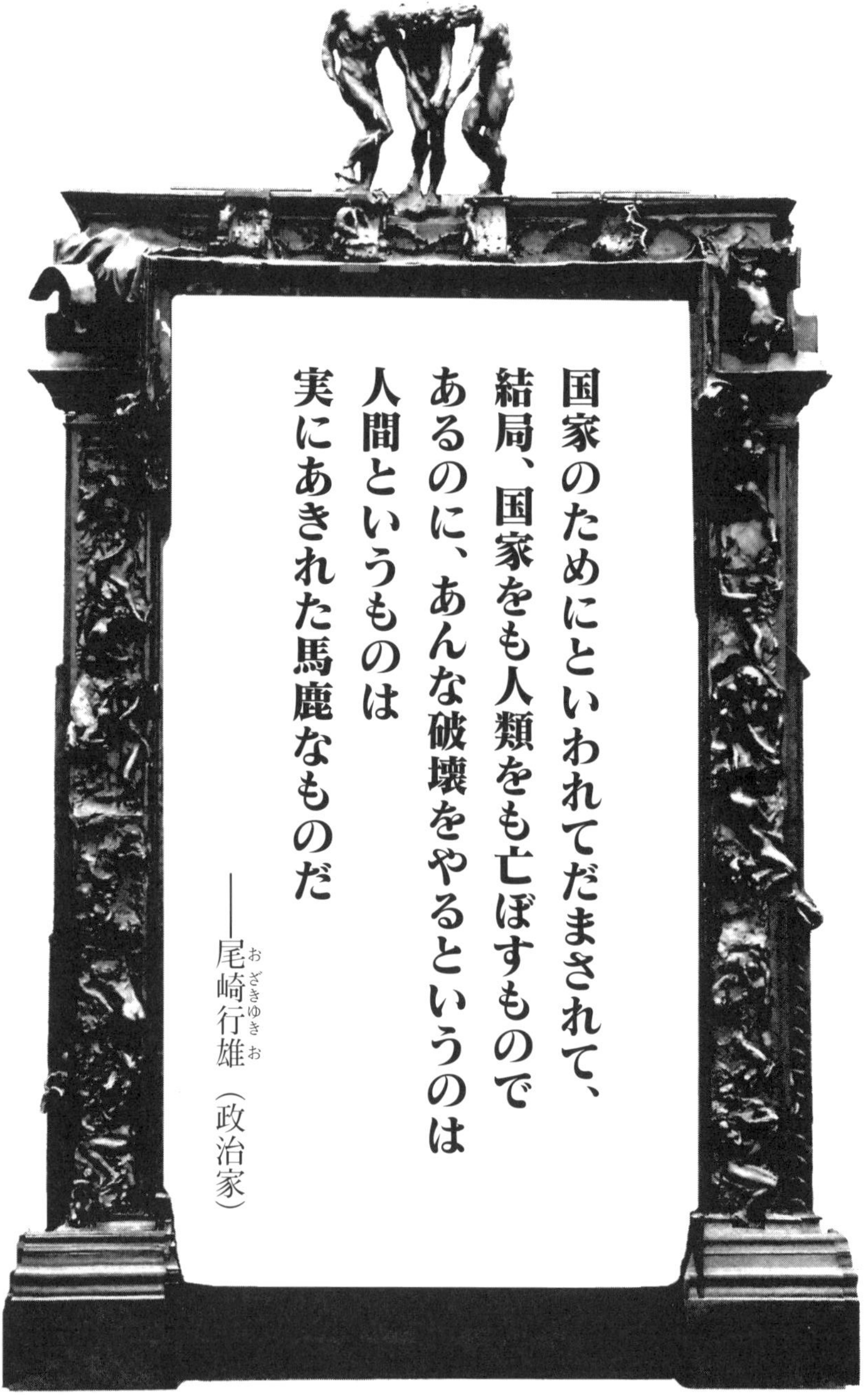

国家のためにといわれてだまされて、
結局、国家をも人類をも亡ぼすもので
あるのに、あんな破壊をやるというのは
人間というものは
実にあきれた馬鹿なものだ

——尾《お》崎《ざき》行《ゆき》雄《お》（政治家）

尾崎行雄は、議会制民主主義の確立に尽力し「憲政の神様」「議会政治の父」と呼ばれた明治・大正・昭和時代の政治家。

大隈重信《おおくましげのぶ》に認められて立憲改進党の創立に参加すると、明治23年の第1回総選挙に当選。それ以後、昭和27年の総選挙まで連続25回当選を果たし、世界議会史上の記録となる63年間、議員であり続けた。その間、東京市長や文部大臣、法務大臣などの要職に就いた。

第一次大戦後、欧米諸国の実情を見て、尾崎が言った言葉。

戦争中も平和主義を持ち続けた尾崎。晩年は国家主義を廃した「廃国置州」という考えに基づく「世界連邦」の建設を提唱していた。

恋と同じで、
憎悪も人を信じやすくさせる

——ジャン＝ジャック・ルソー（思想家）

ルソーはスイスのジュネーブ生まれの思想家。

生まれてすぐに母が死去、父が失踪したため、わずか13歳にして彫金師のもとへ奉公に出される。その後は、家庭教師に音楽教師、楽譜の筆写、外交官の書記、銅版工など、職を転々としながら執筆や作曲を行った。

代表作『エミール』で文明こそが社会的不平等を生んだとしたルソー。その「主権在民」の思想はフランス革命にも多大な影響を及ぼし、「革命の哲学者」とも呼ばれた。

人々をフランス革命へと導いた思想家の言葉がこれだ。

盲目になったときの憎悪の恐ろしさは、恋にも勝り、歴史を変えることもある。

あらゆる世界史的事件は、
よかれあしかれ、
すべての人種の
自己保存本能の表現である

——アドルフ・ヒトラー（ドイツ首相）

アドルフ・ヒトラーは、中世の神聖ローマ帝国・近代のドイツ帝国に次ぐ「第三帝国」を成立させた20世紀最大の独裁者。

類まれな演説の才能によって、ナチス党を第一党まで躍進させると、首相を経て、大統領を兼任する総統まで上り詰めた。後にヒトラーの側近となるゲッベルスは、ヒトラーについてこう評している。

「演説家として身振り、表情、言葉、三つすべてが驚くほど調和している。生まれながらの魅力的人物だ。この人となら、世界を征服できる」

ヒトラーは１９３９年にポーランドへ侵攻、第二次大戦を引き起こした。

過激な民族主義を唱えてユダヤ人根絶計画（ホロコースト）を推し進め、最高の技術と組織力をもって迅速に大量の人々を虐殺。

世界史に残る虐殺事件だが、ヒトラーにすれば「人種の自己保存本能の表現」に過ぎず、また彼の革命の一環であった。

ヒトラーは立候補の公約時から「反ユダヤ主義」を掲げた。それはドイツ国民の反ユダヤ感情を充分に知っていたからであり、思惑通りナチスは国民の支持を集めることとなった。

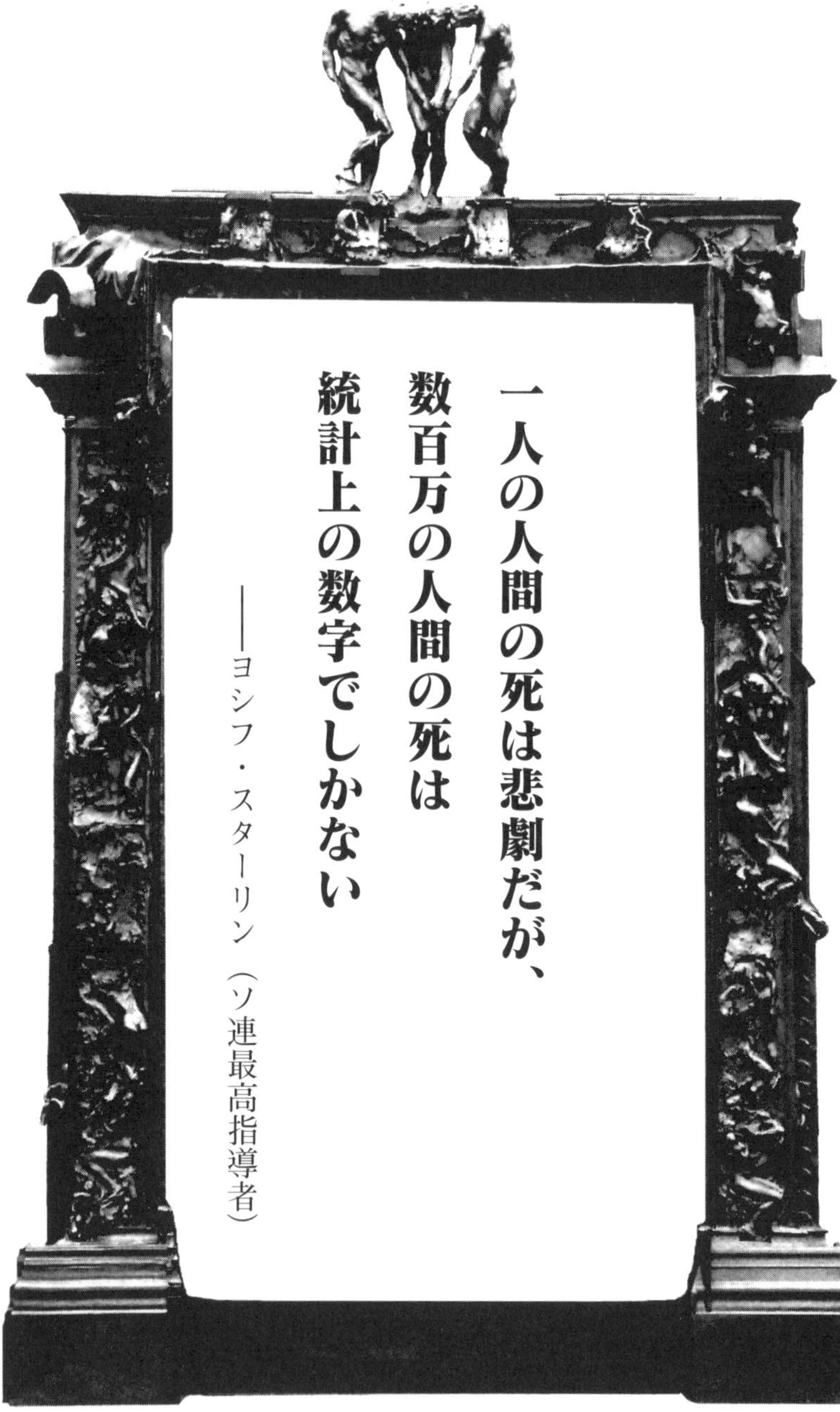

一人の人間の死は悲劇だが、
数百万の人間の死は
統計上の数字でしかない

——ヨシフ・スターリン（ソ連最高指導者）

共産党書記長、人民委員会議長を務めたソ連の最高指導者。

グルジアの靴職人の家庭に生まれたスターリンは、学生時代に革命思想に触れ、反社会的な活動を繰り返して8回逮捕されたが、流刑地から7回も脱走に成功。「奇跡のグルジア人」と呼ばれ、革命運動家たちから一目を置かれた。

十月革命やソヴィエト連邦の結成においての働きがレーニンに評価され、1922年、スターリンは共産党書記長に就任。以後、死去するまで30年にわたって最高権力者として君臨した。

スターリンは食料を増産させるために、強制的に農民の集団化を図り、1930年、1931年の2年間で、約500万人を餓死に陥らせた。また党内の反対派や知識人、軍人など体制に批判的な人間はすべて「人民の敵」と名指しして弾圧を繰り返した。

恐怖政治を行った暴君スターリンが残した言葉。

「一人の人間の死は悲劇だが、数百万の人間の死は統計上の数字でしかない」

終戦後も粛清は続いた。1930〜1950年までに2000万人が虐殺されたとも言われているが、あまりにも多すぎるため、正確な数字は明らかになっていない。

偉大な指導者は、
必ずしも善良な人ではない

——リチャード・ニクソン（政治家）

リチャード・ニクソンは、アメリカ合衆国第37代大統領。ベトナム戦争を終結させ、中華人民共和国との国交を回復した。

ガソリンスタンドを営む、裕福とは言えない両親のもとに生まれたニクソンは、稼業を手伝いながら、優秀な成績でデューク大学のロー・スクールを卒業した。しかし、家柄が低かったため、著名な東部の弁護士事務所への就職に失敗。挫折をばねに大統領まで上り詰めた。

これは著書『指導者とは』にて、ニクソンが語った言葉。

ニクソンは、ウォーターゲート事件によって、アメリカ大統領史上初めて任期中に辞任へ追い込まれた。

革命における破壊と建設とは、
もともと相互に不可分なものである

——孫文《そんぶん》（政治家、革命家）

辛亥《しんがい》革命を起こし、「中国革命の父」「国父」と呼ばれた中国の政治家。

清朝《しんちょう》打倒を目指して医師から革命家へと転身した孫文は、日本で中国同盟会を結成すると、「民族主義」「民権主義」「民生主義」の三民主義を発表。

革命運動において失敗を繰り返しながら、辛亥革命によって１９１２年、南京に中華民国を成立させた。

これは中華民国の臨時大統領となった孫文の言葉。

革命によって破壊した後に建設を開始するため、孫文は清朝の実力者であった袁世凱《えんせいがい》に総統の座を譲ることとなった。だが、そのことは袁の独裁政治を生むことになり、孫文は革命家として再び立ち上がるのだった。

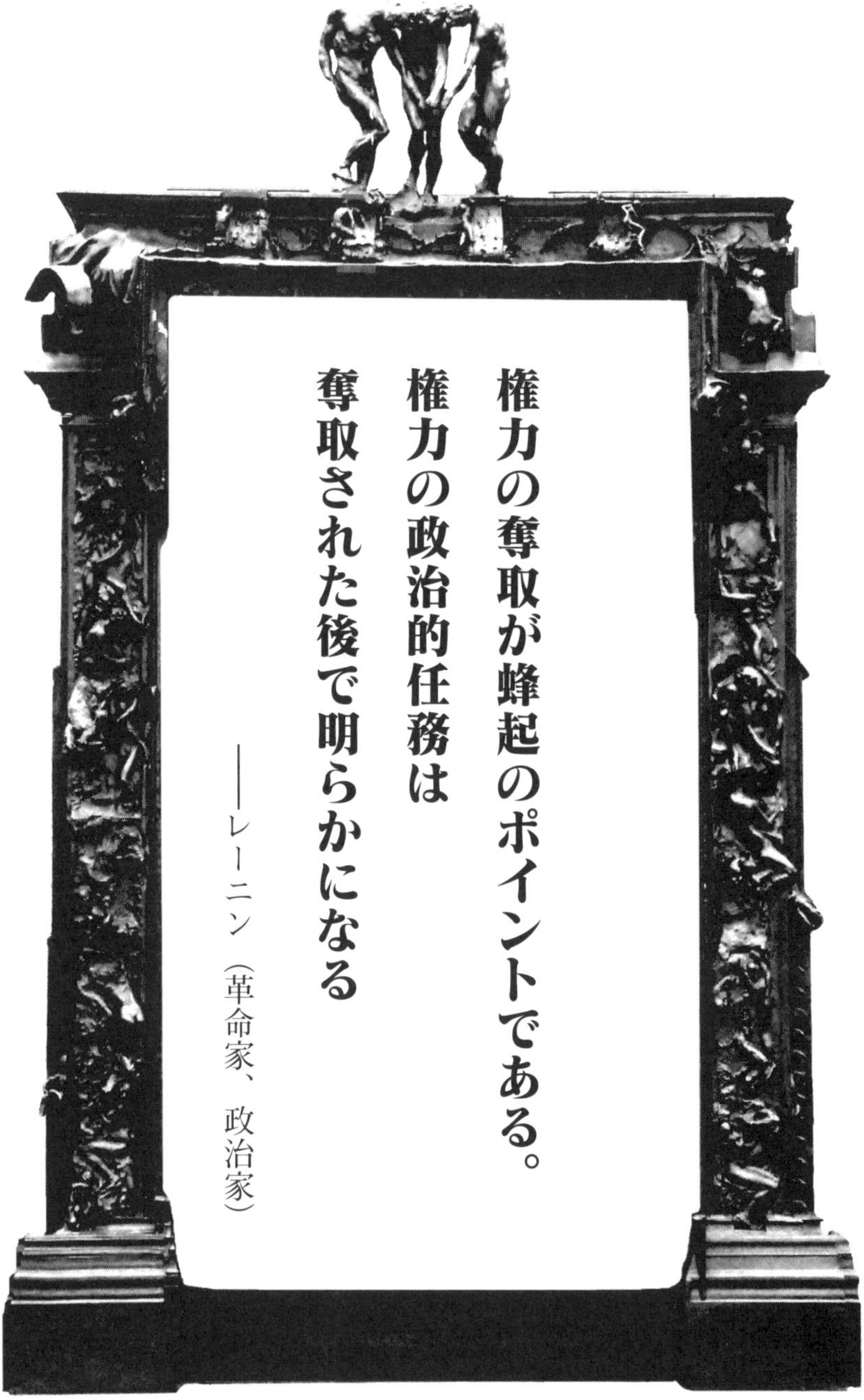

権力の奪取が蜂起のポイントである。
権力の政治的任務は
奪取された後で明らかになる

——レーニン（革命家、政治家）

ウラジーミル・レーニンは、ソヴィエトを樹立した「ロシア革命の父」。

学生時代から革命運動に傾倒したレーニンは、マルクス主義を実践するべく活動するが、逮捕され投獄。シベリアに流刑後、スイスへ亡命し、社会主義者たちに革命の必要性を訴えた。

ロシアで二月革命が起きると帰国し、ボリシェビキを率いて十月革命を成功させ、権力を奪取した。

史上初の社会主義政権を樹立したレーニンの言葉がこれだ。

死後はスターリンによってレーニン崇拝思想がばらまかれ「レーニン主義」が誕生した。

モスクワのレーニン廟には、保存処理をされたレーニンの遺体が今でも残されている。

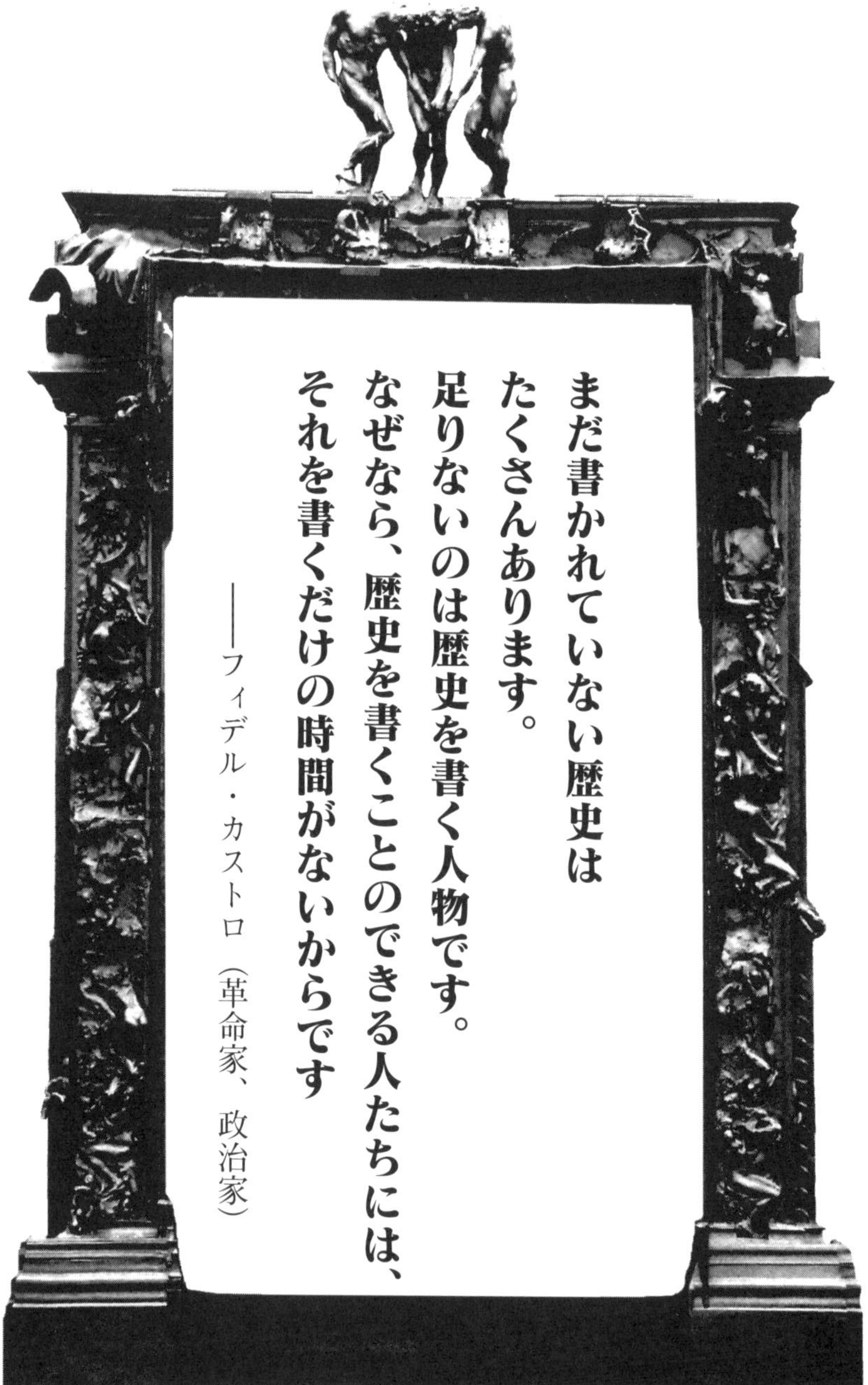

まだ書かれていない歴史は
たくさんあります。
足りないのは歴史を書く人物です。
なぜなら、歴史を書くことのできる人たちには、
それを書くだけの時間がないからです

——フィデル・カストロ（革命家、政治家）

ゲバラとともにキューバ革命を起こし、アメリカの傀儡《かいらい》政権だったバティスタ政権を打倒したフィデル・カストロ。キューバを社会主義国家へと変革させた。

国家元首となり新政権の舵をとることになったカストロだが、その前途は明るいものではなかった。大赤字の財政のなか、失われた国家の地盤を一から作り直し、キューバを自立させなければ、革命は意味を成さなくなってしまう。

激動のキューバ革命を振り返ってカストロが言った言葉がこれだ。歴史を書ける人間は、目の前の革命で忙殺され、それどころではない。

士は過ちなきを貴ばず、
善く過ちを改むるを貴しとなす

——佐久間《さくま》象山《しょうざん》（思想家）

佐久間象山は、幕末の兵学者・思想家。ペリーの来航以前から西欧技術文明を見据えており、29歳のときに私塾「象山書院」を開くと、吉田松陰・小林虎三郎・勝海舟など多くの門人を集めた。

優れた国際人という意味で「日本のナポレオン」と自らを呼んだ象山は、「東洋道徳・西洋芸術（技術）」を提唱。東洋道徳を尊重しながら積極的に西洋文明を取り入れることこそ、国の豊かさにつながるとした。

「幕末最大の知識人」と言われる男の言葉がこれだ。

開国論、公武合体論を熱心に説いた象山。1864年、54歳で尊王攘夷派に暗殺された。

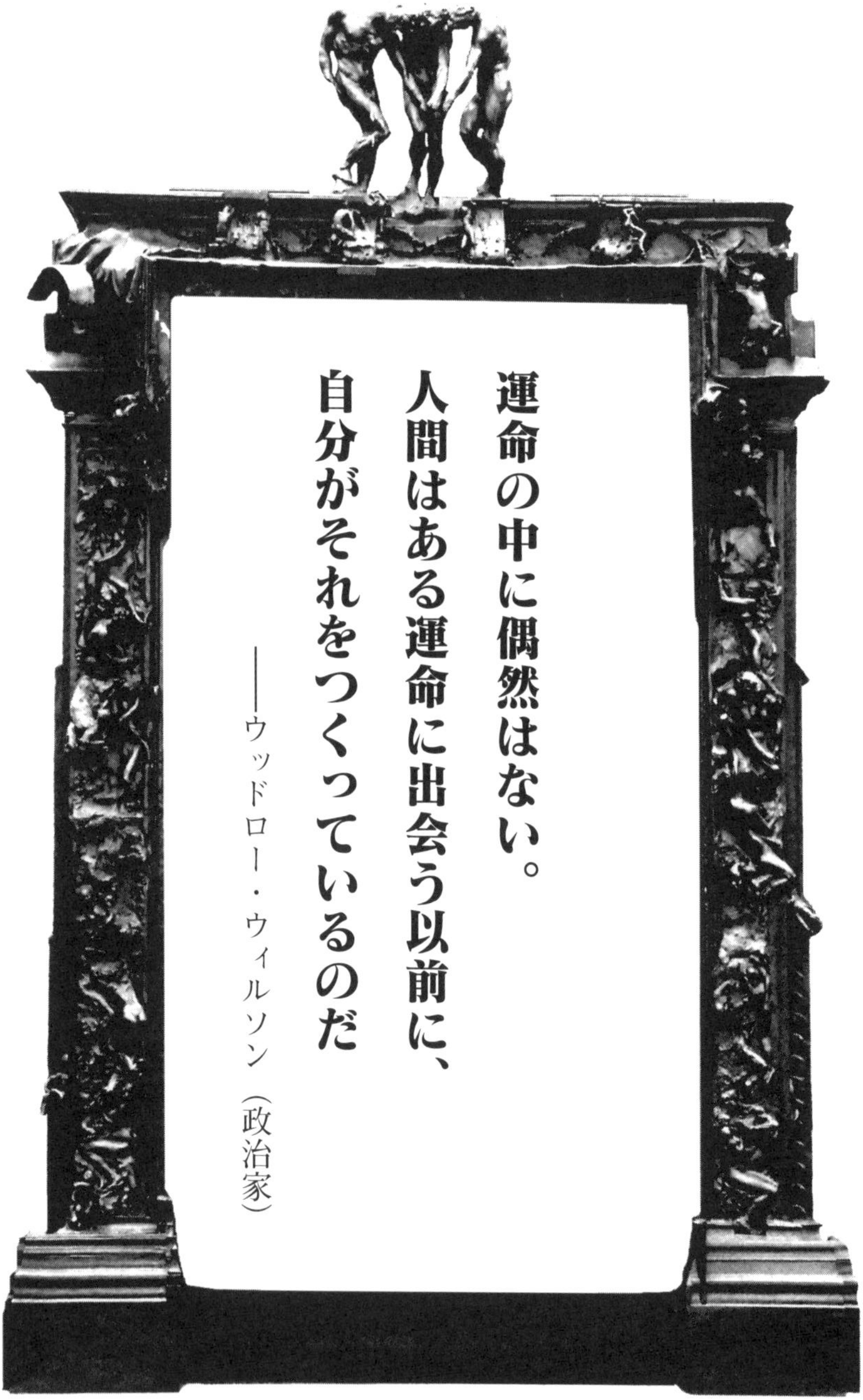

運命の中に偶然はない。
人間はある運命に出会う以前に、
自分がそれをつくっているのだ

――ウッドロー・ウィルソン（政治家）

ウッドロー・ウィルソンは、第28代アメリカ合衆国大統領。プリンストン大学の学長を経て、民主党の推薦でニュージャージー州知事となって政治の世界へ。

１９１２年には、『新自由主義』をスローガンに大統領選に出馬し、翌年の選挙ではセオドア・ルーズベルトやウィリアム・タフトを抑えて圧勝を飾った。

大統領となったウィルソンは、累進課税の導入・通貨改革・幼年労働の禁止など様々な政治理念を実現。第一次大戦の終結にあたっては、理想主義、国際協調主義を掲げた「十四か条の平和原則」を発表した。

理想主義の先駆者ウィルソンによる言葉がこれだ。

国際連盟の創設を提唱したウィルソンは、１９１９年にノーベル平和賞を受賞している。

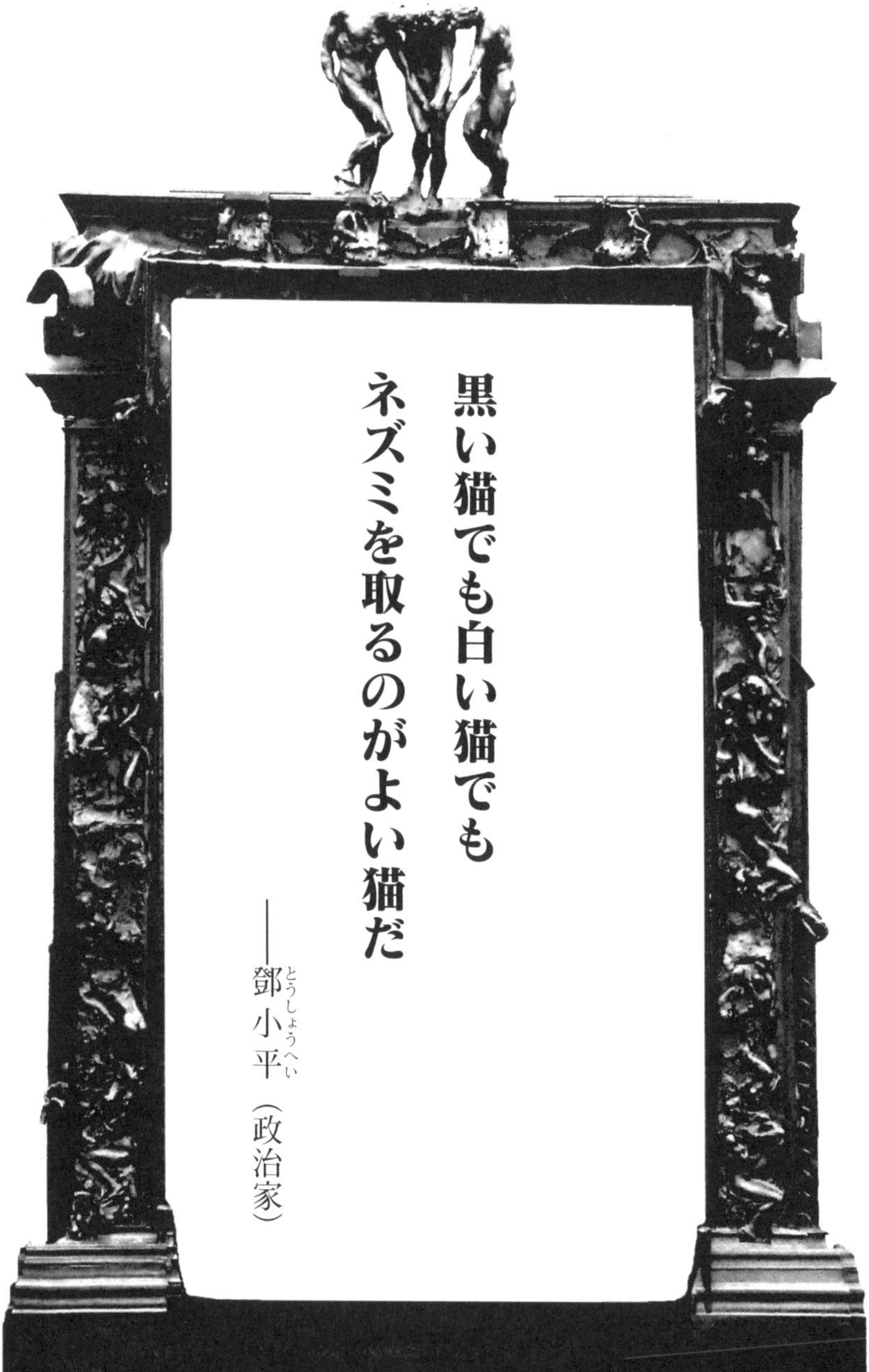

黒い猫でも白い猫でも
ネズミを取るのがよい猫だ

――鄧小平《とうしょうへい》（政治家）

共産主義国家の中国において、開放・改革路線を打ち出した鄧小平。それは毛沢東《もうたくとう》の大躍進政策を否定するものだった。

毛沢東が推進した全中国農民の人民公社化は、深刻な食糧不足を引き起こし、２０００～５０００万人とも言われる国民が餓死。暗澹たる状況を受けて、共産党総書記だった鄧小平は、農家に自主的な生産を認める政策を開始して、その理由として次のように語った。

「食糧問題解決のためには増産さえできればよい。黒い猫でも白い猫でもネズミを取るのがよい猫だ」

黒い猫ではなく「茶色の猫」「黄色の猫」だったという説もあるこの言葉は、改革・開放路線への歴史的な政策転換の象徴となった。中国が急速な経済発展を遂げていくのは、それから後のことである。

革命の輸出などできるものではない。
戦っているのはその国の人民なのだ

——ダニエル・オルテガ（政治家）

ニカラグアで3代にわたって親米政権を維持していたソモサ王朝が、１９７９年、サンディニスタ民族解放戦線によって打倒された。革命成功後、国家再建会議の議長に就任し、後に大統領となったのがダニエル・オルテガである。

右派ゲリラ「コントラ」への軍事援助を行うなど自国へ干渉を繰り返すアメリカのレーガン政権を、オルテガは痛烈に批判。会見では、「ニカラグアはエルサルバドルのゲリラに武器提供をしている」とするアメリカの見方を真っ向から否定した。

オルテガは「アメリカがエルサルバドル政府に提供する武器こそが、ゲリラに奪われて使われている」と反論したうえで、革命の加担は濡れ衣であると主張し、この言葉を吐いた。革命は武器によってではなく、人民の志によって成し遂げられる、と言いたかったのだろう。

オルテガの革命政権は11年続き、やがてその勢いは失われたが、２００６年11月5日に行われた大統領選挙では再びダニエル・オルテガが勝利。16年ぶりに大統領へと返り咲き、現在まで政権が続いている。

禍《わざわい》は口より出でて身を破る、
福《さいわい》は心より出でて我をかざる

——日蓮《にちれん》（僧侶）

日蓮は、鎌倉時代の仏教僧。比叡山《ひえいざん》や高野山《こうやさん》など各地の諸山で遊学し、仏教典を読破。辿り着いたのが、法華経《ほけきょう》を拠り所にする「日蓮宗」だった。

己の信念を突き通した日蓮は、他宗の批判、そして時には政治批判とも取られる内容の辻説法を、民衆の前で語り続けた。時の権力者・北条時頼《ほうじょうときより》に献上した『立正安国論《りっしょうあんこくろん》』も法華経の正当性を説いたものであり、大いに物議をかもすこととなった。

他宗から襲撃されたり、幕府より島に流罪の刑にされたりしても、自説を曲げなかった宗教家の言葉がこれだ。

口から出た言葉は身を滅ぼし恨みを買うが、心から出た言葉なら相手を喜ばせ自分に福をもたらす。

日蓮が批判されても考えを変えなかったのは、心からの言葉ならばいつかわかってくれる、という確信があったからだろう。

第5章
明日を願う言葉

ぼくは新しい運命＝目的地へと向けて
出発しなければならないのです

――チェ・ゲバラ（革命家）

マルクス主義革命を志したゲバラは、亡命中に出会ったカストロに共感し、革命軍に参加。アルゼンチン人でありながら、キューバのために、誰よりもよく行動した。

あるとき、ゲバラはカストロなど20名を超す同志とともに逮捕されてしまう。そのとき、両親に宛てた手紙で初めて、ゲバラはキューバ革命に参加したことを打ち明けている。

「若いキューバ人が彼の指導する運動に参加しないかと僕を誘ってくれました。もちろん、ぼくは彼の申し出を受け入れました。（中略）投獄が続こうと解放されようと、ぼくは新しい運命＝目的地へと向けて出発しなければならないのです」

世界に名を刻むことになるキューバ革命は、この手紙から3年後の1959年のことである。

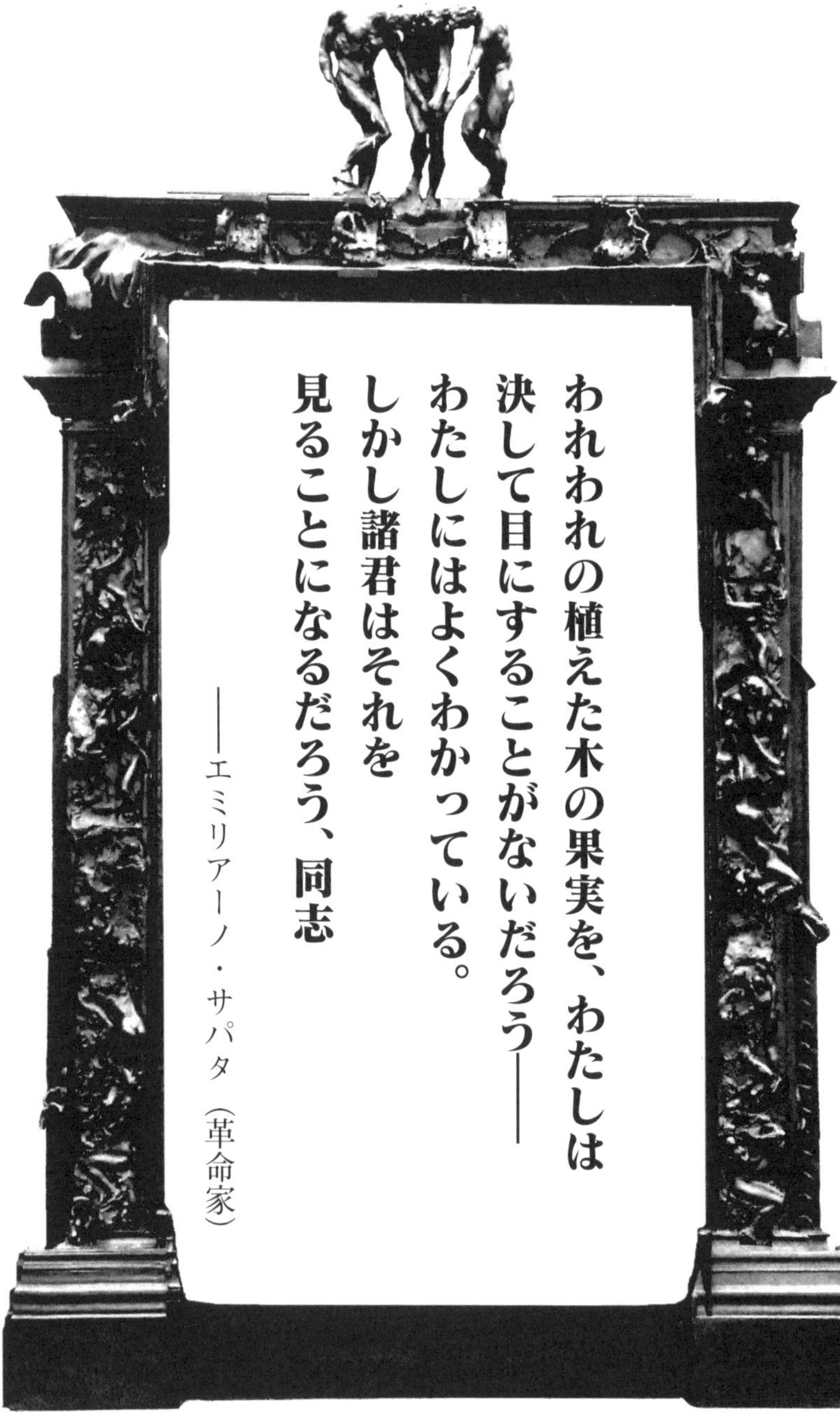

われわれの植えた木の果実を、わたしは
決して目にすることがないだろう——
わたしにはよくわかっている。
しかし諸君はそれを
見ることになるだろう、同志

——エミリアーノ・サパタ（革命家）

メキシコ革命の指導者サパタ。

ウエルタ政権打倒という共通目的のなか、サパタが率いる軍は、同じく革命家のパンチョ・ビリャ軍と連帯する。

だが、護憲革命軍の第一統領・カランサと農地改革をめぐって熾烈な内部対立が勃発。１９１９年、サパタはカランサ派に暗殺された。生前にサパタが部隊の隊長たちに予言した言葉がこれである。

革命家はたとえ革命が成功しても、自らの行動による恩恵を受けることは難しい。一度、破壊したものが再建されるのを見届けるには、あまりにも人の一生は短いからだ。しかし、それでも構わないのだろう。サパタのこの言葉には、革命家の志の高さが凝縮されている。

善きことは、カタツムリの速度で動く

——マハトマ・ガンジー（政治家）

ガンジーは第一次大戦後、インド人の反英闘争において抜群の指導力を発揮し、一切の武力闘争を否定。「非暴力・不服従」を掲げて、イギリスの支配に立ち向かった。

イギリス製の綿製品の不買運動を起こし、伝統的な手法によるインドの綿製品を着用することを呼びかけたり、またイギリスの塩税に抗議するために、アーシュラムから海岸までの３８５キロを24日間かけて、ゆっくりと歩く「塩の行進」を展開したりした。

行進の前に、ガンジーが放った名言がこれである。

日々の変化は目には見えないほどの成果でも、積み重ねれば、時代の変革をもたらすことになる。

俺たちは祭りばっかりやってきた。
お前ら、真面目にやってくれ

——本田宗一郎（経営者）

本田宗一郎は「世界のホンダ」を一代で築いた経営者。

戦後、真っ赤なボディのオートバイ「ドリーム号」を開発し周囲の度肝を抜くと、さらに庶民が気軽に手に入れられる簡単なオートバイ「カブ」を作り出して、大ヒットを飛ばした。二輪車だけではなく、日本の自動車エンジンを世界最高レベルまで高め、日本人として初めてアメリカの自動車殿堂入りも果たした。

宗一郎は１９７３年、ホンダ創業25周年の年に、65歳で引退を決意。退任の挨拶で周囲にこう言った。

自動車修理工から身を起こし、生涯を通じて現場に執着した宗一郎。

固定観念を嫌い、いかに困難だと思われることでも「やってみもせんで」と何度もチャレンジを繰り返し、周囲が止めても聞く耳を持つことなく試行錯誤することを止めなかった。

その人生はビジネスというよりも、まさに「祭り」であった。

人間に、
すなわち私自身に絶望しないために

——フランツ・ファノン（革命家）

フランツ・ファノンはフランス領マルチニック島生まれの精神科医にして革命家。

黒い皮膚をしたマルチニック人として生まれたことに悩み続けたファノンは、第二次大戦では、ド・ゴールの「自由フランス」に志願。戦後はフランスのリヨン大学で精神医学を学び、『黒い皮膚・白い仮面』を刊行した。

１９５４年にアルジェリア独立戦争が勃発すると、民族解放戦線（ＦＬＮ）に身を投じた。

革命運動に参加するために病院を辞めるとき、ファノンが辞表の最後に書いた言葉がこれだ。

なんでも変わらないものはないものだ。
旧《ふる》いものは倒れて
新しいものが起きるのだ

——大杉栄《おおすぎさかえ》（思想家）

大杉栄は、大正時代の社会運動家、無政府主義者。

学友と決闘して名古屋陸軍幼年学校を退学処分にされ、日露戦争開戦反対を唱えて「万朝報《よろずちょうほう》」を退社するなど、反骨精神の塊だった。

日本社会党に参加して電車賃値上げ反対運動を起こして有罪判決、クロポトキンの翻訳「青年に訴ふ」が新聞紙条例違反に問われて収監、金曜会屋上演説事件や赤旗事件に関与して投獄されるなど、刑務所生活は数えあげればキリがなく、大杉は投獄されるたびに語学を１つマスターすると決めていたほどだった。

無政府主義を唱えたアナーキストらしい名言がこれだ。

甘粕《あまかす》事件で憲兵隊特高課の森慶次郎《もりけいじろう》らに捕まり、38年の生涯に幕を閉じた。

世界は、
大きな車輪のようなものですからね。
対立したり、あらそったりせずに、
みんなで手をつなぎあって、
まわっていかなければなりません

——杉原《すぎはら》千《ち》畝《うね》（官僚、外交官）

杉原千畝は、第二次大戦時に、リトアニアの日本領事館領事代理を務めていた日本の外交官。

１９４０年、ナチスの迫害を恐れてポーランドから逃げてきた大勢のユダヤ人が、首都カウナスにある日本領事館に押し寄せた。日本の通過ビザをもらって、海外に脱出するためである。

ドイツと同盟国であった日本。書類の不備を理由に外務省はビザ発行を許可しなかったが、見かねた杉原は独断でビザを発行することを決意。領事館の門を開け、日平均70枚、１カ月で２１３９枚のビザを朝から晩まで書き続けた。

ビザをもらいに来たユダヤ人を励まして言った言葉がこれだ。

杉原は６０００人ものユダヤ人の命を救い、「日本のシンドラー」とも称されている。

毛利の家のことを
良く思っている家来は一人もいない、
だから気をつけろ

——毛利元就（武将）

毛利元就は中国地方一帯に勢力を誇った戦国武将。

元就は遺言として、隆元・元春・隆景の3人の息子を呼び寄せ、「1本ではすぐに折れてしまう矢も、3本束ねるとなかなか折れない」とやってみせて兄弟仲良くすることを説いた、という逸話で知られているが、これは後世の創作である。

実際の元就は75歳で没する15年前に、3人の息子に宛てて「三子訓戒状」というものを残している。

その手紙のなかでは、兄弟3人仲良く、と繰り返し書かれていたが、このような戒めの言葉も書かれていた。毛利が西日本随一の戦国大名となったのは、常に人心の機微に気を配ったからこそ、であった。

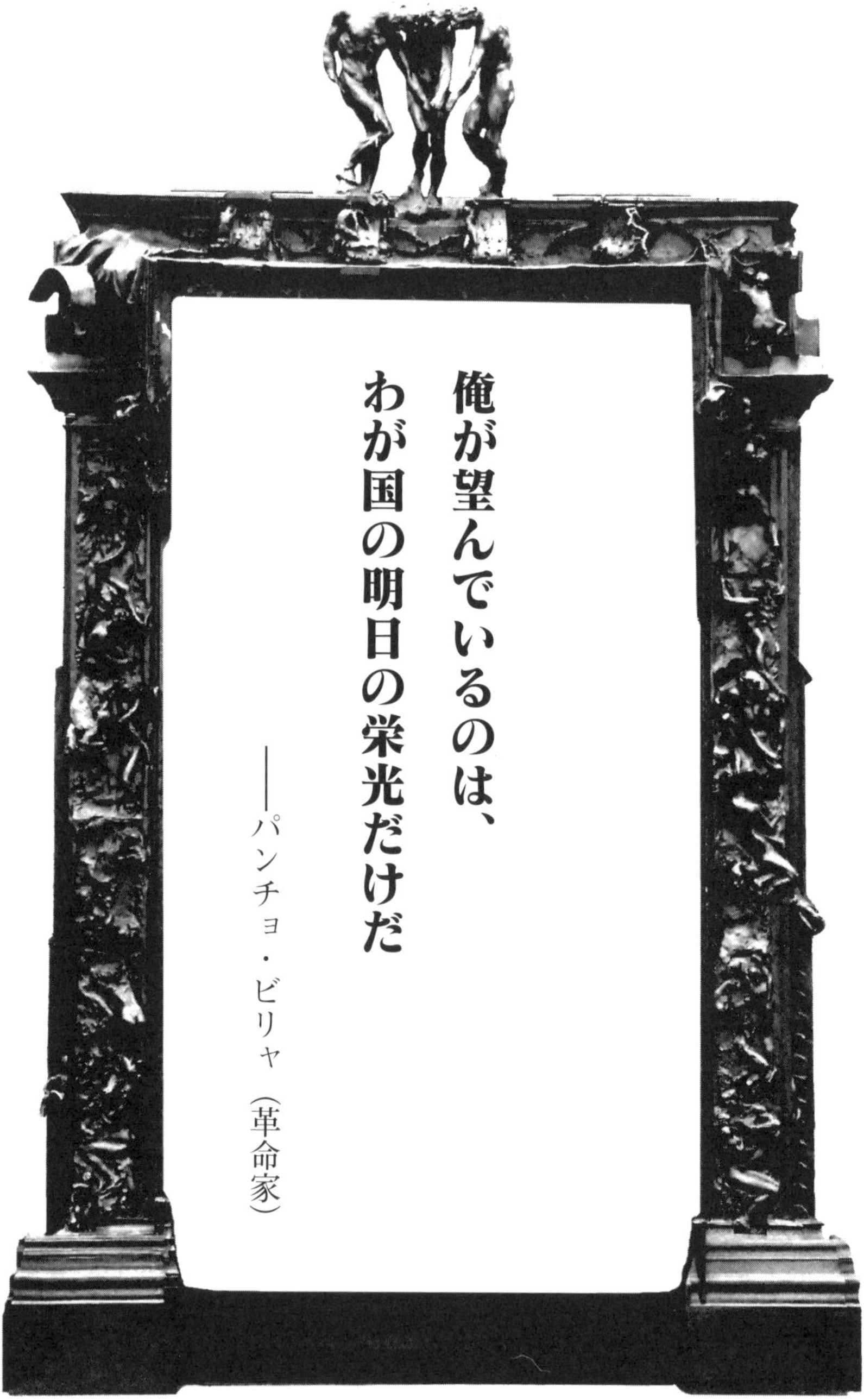

俺が望んでいるのは、
わが国の明日の栄光だけだ

——パンチョ・ビリャ（革命家）

貧しい小作農の家に生まれたパンチョ・ビリャ。

青年時代を山賊として過ごした後、食肉業を経て、メキシコ革命運動に参加。ポルフィリオ・ディアス大統領の独裁に反対するフランシスコ・マデーロの支持者となり、その後の生涯を革命に費やした。

政権打倒に成功したパンチョ・ビリャだが、護憲革命軍の第一統領・カランサと農地改革をめぐって熾烈な内部対立が起きてしまう。

収拾を図るために、１９１４年10月、革命軍の代表者を集める「アグアスカリエンテス会議」が開催されると、ビリャは次のような名演説を行った。

「諸君は、無教養な男の、心からの真剣な言葉をいま耳にしている。俺がいいたいのは、フランシスコ・ビリャは良心をもった諸君を抱きこもうなどという気は毛頭ないということだ。なぜなら、フランシスコ・ビリャは己のために何一つ望んでいないからだ……俺が望んでいるのは、わが国の明日の栄光だけだ」

しかし、その後もビリャ派とカランサ派の対立は続いた。ようやくオブレゴン大統領によって両派の和平協定を結ばれたときには、ビリャの死期が近づいていた。ビリャは運転中に襲撃を受けて死亡。メキシコの男の理想とされる「本物の男（ムイ・オンブレ）」と言われたビリャ。その死後も長くインディオたちに歌われ、語り継がれた。

革命に奉仕する者は
海を耕すようなものである

――シモン・ボリバル（革命家）

コロンビア共和国を創立したシモン・ボリバル。

ラテンアメリカ諸国の統合の夢を描いていたが、やがてベネズエラが連合に反対して反乱を起こし、分離。その後、エクアドルも分離して、ボリバルの夢は途絶えることとなった。

1830年、47歳のボリバルは結核により死亡。死ぬ前月にエクアドル大統領への手紙で「ラテンアメリカは我々の手に負えない」と言い、後に続けた言葉がこれである。

革命に終わりはない。

我が兵は限り有るも、
官軍は限りなし

——土方歳三《ひじかたとしぞう》（新撰組《しんせんぐみ》副長）

１８６７年、大政奉還によって江戸幕府に終止符が打たれると、その翌年、長州や薩摩による新政府軍と旧幕府軍との間で戦が行われた。戊辰戦争と呼ばれるこの戦は1年5カ月にも及び、このときに旧幕府軍の一員として戦った軍事組織が新撰組である。なかでも抜群の軍才を発揮したのが副長の土方歳三だった。

戊辰戦争の中でもすさまじい銃撃戦となった第二次戦闘の前に、土方が仲間に次のように語った。

「我が兵は限り有るも、官軍は限りなし。一旦の勝ち有りと雖《いえど》も、その終には必ず敗れんこと、鄙夫《ひふ》すらこれを知れり。然るに吾《わ》れ任ぜられて、若《も》し敗れるようなことあれば則ち武夫の恥なり。身を以てこれに殉ずるのみ」

もし、この戦いに勝ったとしても、いずれは敗北することを土方はわかっていた。だが、人生には、たとえ負けるとわかっても、戦わなければならないときがある。

革命未だ成らず

——孫文《そんぶん》（政治家、革命家）

袁世凱《えんせいがい》による革命軍への弾圧が始まると、孫文は革命のやり直しを決意し、第二革命戦争を起こすが敗北。約３年間、日本へ亡命して中華革命党を興した。

袁が死ぬと孫文は中国に戻り、今度は軍閥《ぐんばつ》打倒を目指して広州《こうしゅう》に中華民国軍政府を樹立。中国国民党を改組し、中国共産党と提携するなど国共合作に奔走した。中国統一を目指して北伐を開始するも、１９２５年３月12日、北京で病死した。

日本人との関わりが多かった孫文は、日本でも葬儀が執り行われた。

何度転んでも立ち上がり、革命家であり続けた男の最期の言葉。

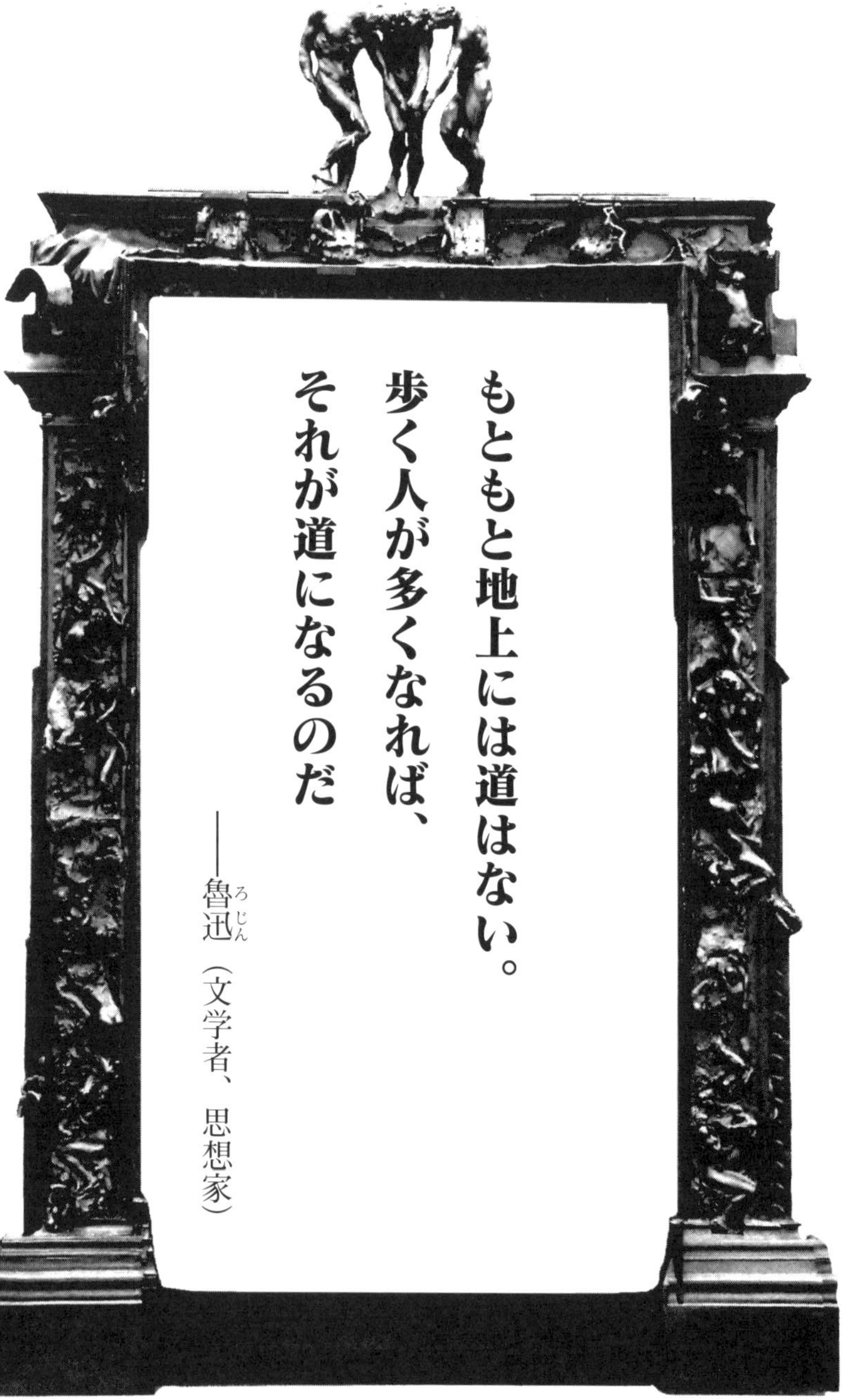

もともと地上には道はない。
歩く人が多くなれば、
それが道になるのだ

——魯迅《ろじん》（文学者、思想家）

中国の文学者、思想家。

官費留学生として日本に留学し、仙台医学専門学校で医学を志すが、体よりも精神の病を治すために、文学へと転じる。

帰国後は北京大学で教鞭をとり、「新青年」に『狂人日記』を寄稿。ほかに『阿《あ》Q《キュー》正《せい》伝《でん》』など数々の小説や評論によって社会悪の根源を追究し、新文化運動の礎となった。

文学による革命の道を切り拓《ひら》いた魯迅の言葉。

【主要参考文献】

「20世紀はどんな時代だったのか　革命編」読売新聞社編（読売新聞社）
「20世紀新聞」20世紀新聞編纂委員会（青春出版社）
「世界名言大辞典」梶山健編著（明治書院）
「知恵を生みだす世界の名言」名言発掘研究会（はまの出版）
「椰子より高く正義をかかげよ　ホセ・マルティの思想と生涯」エルミニオ・アルメンドロス著／神尾朱実訳（海風書房）
「ゲバラ日記」チェ・ゲバラ著／高橋正訳（角川書店）
「チェ・ゲバラの記憶」フィデル・カストロ著／柳原孝敦監訳（トランスワールドジャパン）
「偉大なる敗北者たち――メアリ・スチュアートからゲバラまで」ヴォルフ・シュナイダー著／瀬野文教訳（草思社）
「続・大人のための偉人伝」木原武一（新潮社）
「ダライ・ラマ自伝」ダライ・ラマ著／山際素男訳（文藝春秋）
「吉田松陰　魂をゆさぶる言葉」関厚夫（ＰＨＰ研究所）
「ジャンヌ・ダルク」ジーヌ・ペルヌー、マリ＝ヴェロニック・クラン著／福本直之訳（東京書籍）
「威風堂々の指導者たち」芳賀綏（清流出版）
「アフリカの指導者――アフリカわが心の友だち」星野芳樹（ブロンズ社）
「指導者論」田勢康弘（新潮社）
「吉田茂　ポピュリズムに背を向けて」北康利（講談社）
「ゾルゲの獄中手記」リヒアルト・ゾルゲ著／外務省編（山手書房新社）
「国際スパイゾルゲの真実」下斗米伸夫、ＮＨＫ取材班（角川書店）
「志」久垣啓一（ディスカヴァー・トゥエンティワン）
「マフノ運動史 1918－1921――ウクライナの反乱・革命の死と希望」ピョートル・アルシノフ著／郡山堂前訳（社会評論社）
「マルティン・ルターの生涯」フリーデンタール著／笠利尚、徳善義和、三浦義和訳（新潮社）
「松平定知が選ぶ　その時歴史が動いた名場面別30」ＮＨＫ取材班編（三笠書房）
「徳田球一」杉森久英（文藝春秋）
「アウンサンスーチー演説集」伊野憲治（みすず書房）
「ネルソン・マンデラ　闘いはわが人生」ネルソン・マンデラ著／浜谷喜美子訳（三一書房）
「ホー・チミン語録」ベルナール・Ｂ・ファル編／内山敏訳（河出書房新社）
「トロツキーの挽歌」片島紀男（同時代社）
「日本の歴史を変えた３０２人」日本歴史・人物研究会編（主婦と生活社）
「マルコムＸ　最後の証言」デビッドギャレン編／東郷茂彦訳（扶桑社）
「革命のベネズエラ紀行」新藤通弘（新日本出版社）
「サパタ　その波らんの生涯」エジカム・ピンチョン著／清水政二

訳（フジ出版社）
「氷川清話」勝海舟（講談社）
「ケネディ」井上一馬（講談社）
「その時歴史が動いた　心に響く名言集」ＮＨＫ『その時歴史が動いた』編（三笠書房）
「世界を変えた歴史的な日――その時、歴史は動いた」ハイウェル・ウイリアムズ著／平野和子訳（清流出版）
「共産党宣言」マルクス、エンゲルス著／大内兵衛、向坂逸郎訳（岩波書店）
「田中角栄 処世の奥義」小林吉弥（講談社）
「マスコミ帝王 裸の大宅壮一」大隈秀夫（三省堂）
「反米大統領チャベス――評伝と政治思想」本間圭一（高文研）
「アジェンデと人民連合」ホアン・Ｅ・ガルセス著／後藤政子訳（時事通信社）
「ことばの贈り物 岩波文庫の名句３６５」岩波文庫編集部編（岩波書店）
「天璋院篤姫　新薩摩学シリーズ６」古閑章他（南方新社）
「キング牧師とマルコムＸ」上坂昇（講談社）
「中国文化革命の巨人 魯迅」姚文元著、片山智行訳（潮出版社）
「世界の名将 決定的名言」松村劭（ＰＨＰ研究所）
「革命と革命家たち」アラン・ジョン・パーシヴァル・テーラー著／古藤晃訳（新評論）
「生きる財産となる 名言大語録」今泉正顕（三笠書房）
「ホメイニー おいたちとイラン革命」Ｈ・ヌスバウマー著／アジア現代史研究所訳（社会思想社）
「ヒトラー権力の本質」イアン・カーショー著／石田勇治訳（白水社）
「指導者論」田勢康弘（新潮社）
「孫文 人類の知的遺産63」堀川哲男（講談社）
「中米ゲリラ戦争」滝本道生（毎日新聞社）
「人生に役立つ！　偉人・名将の言葉」童門冬二（ＰＨＰ研究所）
「織田信長からアル・カポネまで あの歴史人物の意外な最期」日本博学倶楽部（ＰＨＰ研究所）
「人類の知的遺産78 フランツ・ファノン」海老坂武（講談社）
「井沢元彦の英雄の世界史」井沢元彦（廣済堂出版）
「土方歳三・孤立無援の戦士」新人物往来社編（新人物往来社）
「魯迅文集」魯迅著、竹内好訳（筑摩書房）
「教科書には載せられない　暴君の素顔」山口智司（彩図社）
「アウトロー経営者の履歴書」山口智司（彩図社）
「古今東西１００の名言に学ぶ サバイバルの流儀」山口智司（ディスカヴァー・トゥエンティワン）
「名言の正体 大人のやり直し偉人伝」山口智司（学研プラス）
「週刊名将の決断」（朝日新聞出版）２００９年11月１日号
人民日報社 ２００３年11月10日付
６０００人の命のビザ――杉原千畝生誕１００年記念事業委員会
http://www.chiunesugihara100.com/j-top.htm

著者略歴

山口智司（やまぐち・さとし）

著述家、偉人研究家。

1979年、兵庫県生まれ。2002年、同志社大学法学部法律学科卒業。2006年、『トンデモ偉人伝』で著述家デビューし、2011年の東日本大震災を機に、筆名を「真山知幸」へ変更。『君の歳にあの偉人は何を語ったか』『不安な心をしずめる名言』『大富豪破天荒伝説』『最高の人生に変わる天才100の言葉』『ざんねんな名言集』など著作約40冊。『ざんねんな偉人伝』『ざんねんな歴史人物』は計20万部を突破しベストセラーとなった。業界誌出版社の編集長を経て、2020年より独立。名古屋外国語大学現代国際学特殊講義（現・グローバルキャリア講義）、宮崎大学公開講座などでの講師活動も行い、メディア出演多数。モットーは「短所は長所の裏返し」。

メール：mayama.tomoyuki@gmail.com

革命家100の言葉

2020年8月20日　第1刷

著　者　山口智司

発行人　山田有司

発行所　株式会社彩図社
東京都豊島区南大塚3-24-4
MTビル〒170-0005
TEL：03-5985-8213　FAX：03-5985-8224

印刷所　シナノ印刷株式会社

URL：https://www.saiz.co.jp
Twitter：https://twitter.com/saiz_sha

　ISBN978-4-8013-0462-8 C0023

※本書は2009年11月に小社より刊行された同名書籍を再編集したものです。